国网绿链
STATE GRID GREEN SUPPLY CHAIN

国网绿色现代数智供应链
—— 知识体系丛书 ——

U0504649

供应链合同管理

国家电网有限公司　组编

中国电力出版社
CHINA ELECTRIC POWER PRESS

内 容 提 要

本书是对国家电网有限公司在供应链合同管理上创新实践做法的总结提炼，系统性地梳理了公司在合同签订、履约供应、合同结算、合同变更、中止解除与纠纷处理、履约评价、合同档案等领域的最佳管理实践，同时对框架协议采购合同执行、优化营商环境等领域的特色经验做了系统化的阐述，并通过二维码链接的方式，增加了"延伸阅读"的设计安排，便于读者更加深入地了解相关知识。

本书可对合同管理岗位，特别是供应链合同管理岗位，提供系统化的业务指导，向社会各界提供"国网样板"。本书从供应链视角对合同管理进行深入阐释，希望为关注供应链合同管理创新与实践的各界人士提供交流和沟通的平台。

图书在版编目（CIP）数据

供应链合同管理 / 国家电网有限公司组编. -- 北京：中国电力出版社，2024. 12（2025.1重印）. -- (国网绿色现代数智供应链知识体系丛书). -- ISBN 978-7-5198-9057-5

Ⅰ. F426.61

中国国家版本馆 CIP 数据核字第 2024C7H819 号

出版发行：中国电力出版社
地　　址：北京市东城区北京站西街 19 号（邮政编码 100005）
网　　址：http://www.cepp.sgcc.com.cn
责任编辑：穆智勇（010-63412336）　苗唯时
责任校对：黄　蓓　张晨荻
装帧设计：张俊霞
责任印制：石　雷

印　　刷：三河市万龙印装有限公司
版　　次：2024 年 12 月第一版
印　　次：2025 年 1 月北京第二次印刷
开　　本：787 毫米×1092 毫米　16 开本
印　　张：15
字　　数：260 千字
定　　价：90.00 元

丛书编写组

主　编　卓洪树

副主编　孙　浩　　宋天民　　易建山

成　员　杨砚砚　陈　广　张　柯　熊汉武　龙　磊

　　　　赵海纲　王培龙　胡　东　赵　斌　杨志栋

　　　　孟　贤　黄　裙　储海东　谭　骞　陈少兵

　　　　刘俊杰　樊　炜　陈石通　周亦夫　张新雨

　　　　丁　昊　朱迦迪　刘明巍　李　屹　尹　超

　　　　何　明　吴　强　李海弘　张　兵　王光旸

　　　　陈秀娟　王　健　孙启兵　张　瑞　孙　扬

　　　　孙　萌　于　胜　戎袁杰　张元新　胡永焕

　　　　厉　苗　吴　臻　纪　航　刘　昕　丁亚斐

　　　　贾成杰　许沛丰　王宇曦　王延海　侯立元

　　　　牛艳召　曾思成　党　冬　黄　柱　宋述贵

　　　　张　斌　何　灵　汪　琨　满思达　张　昊

　　　　郝佳齐　姜旭航　王　玮　仇爱军　郭　振

　　　　周晓炯　孔宗泽　赵红阳　王　聪　王银洁

　　　　李明哲　杨　凯　邹慧安　孙宏志　李洪琳

　　　　骆星智　李俊颖　赵　钰　时薇薇

本册编写组

组　　长　孙　浩

副组长　谢　枫　周维丽

成　　员　张　柯　黄　裙　侯立元　王延海　张国远

丁亚斐　朱丽丽　田　园　张　瑞　宋　婷

李　彬　张宇琨　钟　颖　王旭阳　赵宏博

张世伟　岳远方　张　川　许春阳　沈祝园

姚曦娴　吕振辉　江　辰　曹至宏　蒋　怡

袁　涛　吴嫣然　章义贤　黄　颖　林　涛

王　栋　包巧美　董圆圆　丁　枫　李　鑫

柳义鹏　杨晓亮　相　辉　卢　焱　李　松

裴彦博　程　怡　陈　瑜　章光东

特邀专家　常朝晖　涂灿时

　　随着全球一体化的程度越来越高，市场竞争不断加剧，供应链管理已成为经济和社会活动中的一个重要组成部分。供应链管理发展到今天，早已突破企业之间、产业之间的边界，成为国家竞争力的重要体现，也是国家之间合作与博弈的热点焦点。以习近平同志为核心的党中央高度重视供应链建设工作，作出了提升供应链现代化水平和自主可控能力、提高供应链稳定性和国际竞争力等系列决策部署，为中央企业供应链发展指明了方向。党的二十届三中全会再次强调"健全提升产业链供应链韧性和安全水平制度""打造自主可控的产业链供应链""健全绿色低碳发展机制""推动产业链供应链国际合作"。国务院国资委对中央企业在建设世界一流企业中加强供应链管理提出明确要求。国家电网有限公司全面贯彻党中央、国务院指示精神，聚焦供应链数智转型、绿色低碳、协同发展，创新打造国网绿色现代数智供应链管理体系，支撑经济和社会高质量发展。

　　作为关系国民经济命脉和国家能源安全的特大型国有重点骨干企业，国家电网有限公司始终坚持以习近平新时代中国特色社会主义思想为指导，坚持问题导向、目标导向和系统观念，推动公司和电网高质量发展，保障电力供应、促进能源转型、支撑和服务中国式现代化建设。在改革和发展过程中，国家电网有限公司紧紧围绕党中央、国务院关于推动产业链供应链优化升级重大决策部署，持续推动供应链创新发展，特别是从 2022 年起，创新构建具有"协同化、智慧化、精益化、绿色化、国际化"特征的国网绿色现代数智供应链管理体系（简称"国网绿链"），以平台为着力点、采购为切入点、整合为突破点，实施"绿链八大行动"，形成"标准引领、需求驱动、数智运营、平台服务"的绿色数智发展新业态，提效率、增效益、促效能，有效提高了采购和供应链资源保障能力、风险防控能力、价值创造能力和行业引领能力，确保产业链供应链安全稳定。

　　国网绿链聚焦供应链数智转型，用链式思维创新生产组织服务方式，以实物 ID

为纽带，实现"一码贯通，双流驱动"，建设供应链公共服务平台，建立供应链基础大数据库、高端智库，打造能源电力产业链供应链统一"数据底座"，有效打通创新链、资金链、人才链、价值链，推动全链业务实现跨专业、跨企业、跨行业数字化交互和智能化协同，促进形成新质生产力，服务能源电力产业链供应链高质量发展。国网绿链聚焦供应链绿色低碳，将绿色、低碳、环保的理念和技术融入供应链全过程、各环节，构建绿色低碳标准、评价、认证体系，印发央企首个《绿色采购指南》，深入实施绿色采购，推动能源电力领域技术创新、装备升级、节能减排和环保循环，助力形成绿色产业集群，构建供应链"全绿""深绿"生态，服务能耗"双控"向碳排放"双控"转变。国网绿链聚焦供应链协同发展，充分发挥国家电网有限公司作为能源电力产业链"链长"和供应链"链主"的超大规模市场"采购引领"作用，大力营造公开、公平、公正和诚实信用的招投标环境，倡导行业向绿色低碳、数智制造转型升级，推动产业链供应链高质量发展，助力构建协同共赢的供应链生态，促进全国统一大市场建设，推动新发展格局落地。

在供应链变革与重构的新格局中，供应链体系的价值逐步得到体现。国家电网有限公司在构建国网绿链的过程中，不断总结实践经验和创新成效，提炼超大型企业供应链发展的方法论，形成了国网绿链的理论及知识体系。本套丛书是国网绿链知识体系的精髓，既涵盖全社会供应链先进管理体系、流程、方法和技术，又突出了国网绿链的创新特色成效。希望以丛书的出版为契机，搭建共享交流平台，为大型国有企业探索现代供应链实践提供借鉴。诚挚欢迎关心关注供应链发展的社会各界人士提出宝贵意见。国家电网有限公司将持续深化绿色现代数智供应链管理体系建设，加快建设具有中国特色国际领先的能源互联网企业，为以中国式现代化全面推进强国建设、民族复兴伟业作出更大贡献！

国家电网有限公司副总经理

当今世界正经历百年未有之大变局，国际金融市场动荡、经济全球化遭遇逆流、部分国家保护主义和单边主义盛行等不利局面正冲击现有经济秩序，全球产业链供应链面临着快速重构的风险。大国之间对供应链主导权的争夺进入白热化阶段，区域化阵营化竞争手段正逐步取代以往市场化竞争，产业链供应链韧性与安全成为供应链布局的重要考虑因素，数智化、绿色化成为供应链转型的国际共识。

习近平总书记高度重视产业链供应链发展建设工作，在党的十九大报告中首提现代供应链，将其作为深化供给侧结构性改革、发展现代化经济体系的重要组成部分。党的二十大报告中明确提出"着力提升产业链供应链韧性和安全水平"，是以习近平同志为核心的党中央从全局和战略的高度作出的重大决策部署。《中华人民共和国国民经济和社会发展第十四个五年规划和 2035 年远景目标纲要》也提出了"分行业做好供应链战略设计和精准施策，形成具有更强创新力、更高附加值、更安全可靠的产业链供应链"。2023 年国务院国资委印发的《关于中央企业在建设世界一流企业中加强供应链管理的指导意见》中进一步明确了供应链管理的重要性。二十届三中全会公报中进一步强调了要"健全提升产业链供应链韧性和安全水平制度，健全促进实体经济和数字经济深度融合制度"。

在此基础上，全社会供应链思维明显提升，各企业大胆创新、积极探索，有利地推动了企业供应链国际化、绿色化、智能化水平持续提升，形成了一批先进实践经验。一批供应链领先企业迅速成长，围绕全球采购、生产、分销、物流等全面布局，在充分利用国际国内两个市场、两种资源等方面，起到了积极示范引领作用。随着习近平生态文明思想的贯彻落实，碳达峰、碳中和目标设立，建立健全绿色低碳循环发展的经济体系，已逐步由愿景走向现实。构建绿色供应链，需要国有企业主动承担绿色转型领头责任，引导企业做好业务发展与社会责任的有机平衡，将绿色可持续发展嵌入供应商选择、生产、物流、再生资源回收利用等全流程各环节。加快发展新质生产力，推动企业数字化转型提速，促进数字技术与实体经济融合，对企业供应链管理提出了新的要求。

作为关系国计民生的特大型国有骨干企业和全国供应链创新与应用示范企业，国家电网有限公司深入贯彻落实党中央、国务院关于推动产业链供应链发展相关重大决策要求，充分发挥知识资源对供应链创新发展支撑服务作用，构建绿色现代数智供应链管理知识体系，有效吸收了当前国际、国内主流知识体系精华，在总结自身成功的供应链管理实践案例基础上，结合中国能源行业产业链供应链发展特色，编写出这套兼具国际视野与中国特色、专业知识与企业实践相结合的知识体系丛书。该套丛书依托其特色优势，不仅能激励和引领国内企业持续创新供应链管理理念和方法、全面提升供应链管理现代化水平、助推我国现代供应链高质量发展，亦可作为培训教材培养一批具有先进供应链管理经验的高级专业人才，为指导提升我国供应链从业者业务能力水平作出贡献。

实现世界一流企业的发展目标任重道远。在此，我向大家推荐《国网绿色现代数智供应链知识体系丛书》，希望该系列丛书能够给各行业企业尤其是能源企业供应链从业者提供借鉴和帮助，进一步引导我国各行业企业供应链管理水平不断提升，促进我国产业链供应链高质量发展。

中国物流与采购联合会会长

随着经济全球化和网络化的发展，新供应链理念已经成为促进全球领先企业及其上下游企业实现资源优化配置、提升运营效率、提高核心竞争能力、适应全球市场发展要求的重要途径和手段。当前，我国正在深化供给侧结构性改革，经济已由高速增长转向高质量发展。受逆全球化、贸易保护等多重因素影响，全球供应链加速调整和重构，不稳定性和不确定性显著增加，供应链保障已经成为国家战略安全的重要组成。中央企业在国家产业链供应链体系建设中具有不可替代的地位，也承担着义不容辞的责任。

国家电网有限公司作为关系国民经济命脉和国家能源安全的特大型国有重点骨干企业，始终坚持以习近平新时代中国特色社会主义思想为指导，牢牢把握能源保障和安全这个须臾不可忽视的"国之大者"，全面贯彻落实国家战略部署要求，主动顺应信息技术发展潮流，围绕"绿色、数字、智能"现代化发展方向，打造具有行业领先地位和示范作用的绿色现代数智供应链管理体系，为推动国家电网有限公司高质量发展，支撑和服务中国式现代化提供了优质高效的供应链服务保障。

国网绿色现代数智供应链管理体系不仅提升了企业自身的供应链管理水平，在推动行业内乃至社会的供应链发展方面也有重要意义。

一是发挥"排头兵"的示范作用，为超大型企业供应链管理创新提供借鉴。对于国有企业来说，传统的供应链管理已经无法适应市场的需求，标准化、集约化、专业化、数字化、智能化是供应链转型的大方向。国网绿链坚持管理创新和科技创新双轮驱动，推动了供应链绿色化、数字化、智能化、现代化转型，在有效提升自身供应链运营水平的同时，为能源电力产业链供应链资源整合、提质增效、转型发展贡献了巨大力量，这些改革和创新经验为国内外企业的供应链创新发展提供了"国网方案"。

二是推动电工装备行业发展，带动产业链供应链价值提升。国家电网有限公司是全球最大的公用事业企业，处于产业链供应链的核心枢纽和链主地位。国网绿链充分发挥了超大规模采购的市场驱动力，用需求引领跨行业、跨平台、跨企业的专业化整合，不仅助力了全国统一大市场建设，还带动了全供应链绿色低碳、数智转型，营造和谐共赢的供应链生态圈，推动能源电力装备制造业乃至供应链上下游企业提档升级。

三是有效提升稳链固链能力，助推国家战略落地。国家电网有限公司作为全球电力领域的领跑者，利用国网绿链这个"火车头"，一方面引领了能源电力供应链产业链创新与变革，提升了供应链产业链韧性和安全稳定水平；另一方面带动了中国能源电力行业走向国际市场，加快我国的供应链标准和模式"走出去"，确保全球供应链的开放、稳定、安全，积极建设全球能源互联网，推动"一带一路"沿线经济带发展，助力构建人类命运共同体。

中国供应链发展要找到属于自己的道路，依靠的正是各行各业供应链从业者不断地探索和创新，众多的"先行者"为推动中国供应链事业发展，形成具有中国特色的供应链管理理论作出了重要贡献，而国家电网有限公司正是其中的"领头雁"。

《国网绿色现代数智供应链知识体系丛书》全面研究世界一流供应链发展方向和国家电网有限公司供应链应用经验，系统阐述了绿色现代数智供应链发展理论支撑、管理体系框架、战略要素构成、业务运营实践方面的创新思路及成效，相信来自各界的读者，无论是企业管理者，还是政策制定者，都能够从这套丛书中收获新的思路和启发。希望国家电网有限公司进一步以世界一流目标为指引，以央企的时代情怀，在供应链创新与应用中，进一步发挥"大国重器与压舱石"作用，在推动国家经济高质量发展中勇当标杆、率先垂范，为中国经济高质量发展作出更深层次的思考和更大的贡献。

中国人民大学商学院教授

国家电网有限公司坚决贯彻党中央、国务院战略部署，落实国资委《关于中央企业在建设世界一流企业中加强供应链管理的指导意见》，创新构建绿色现代数智供应链，持续推动物资管理水平提升。在此基础上，结合内外部环境需求，总结绿色现代数智供应链建设经验，构建了国家电网有限公司绿链知识体系，这是加强绿色现代数智供应链管理体系建设的一项重要举措，也是能源电力行业的首创。

《国网绿色现代数智供应链知识体系丛书》是深化国家电网有限公司绿链知识体系建设、打造供应链专业化人才队伍的重要抓手。丛书紧跟供应链专业化发展新趋势，将国际、国内前沿供应链管理理论与国家电网有限公司供应链管理创新实践相结合，以"理念先进、内容全面、专业实用、创新发展"为原则，既具备普适性，又体现创新性，既涵盖国际通用的供应链六大基础要素，又延伸覆盖规划设计、施工安装、运行维护等要素，形成具有国家电网有限公司特色的供应链九大要素。丛书采用一总册九分册形式，其中总册为《绿色现代数智供应链》，九分册分别为《供应链需求与计划管理》《供应链采购管理》《供应链物流管理》《供应链合同管理》《供应链质量监督管理》《供应链供应商关系管理》《供应链精益运营》《供应链风险管理》《供应链标准化与数智化管理》。

丛书既面向国家电网有限公司内部，为公司供应链从业人员夯实基础、拓展视野、提升水平、指导实际操作提供指引，又面向产业链供应链链上企业，为相关供应商、服务商、物流商理解绿色现代数智供应链理念和管理要求建立有效途径，促进供应链上中下游利益相关方深化协作，带动链上企业共同发展。同时可供各行业供应链管理人员学习和交流参考，促进共同提升全社会供应链管理水平，推动国家加快构建现代供应链管理体系。

本书是丛书的《供应链合同管理》分册，主要介绍了合同、合同管理的基础知识，并基于供应链管理与发展、合同管理等现代企业管理理论，以绿色现代数智供应链建设为主线，全面总结了国家电网有限公司在供应链合同管理上的创新实践做法。

在章节分布上，本书系统性地梳理了供应链合同管理理论基础，以及国家电网有限公司在合同签订、履约供应、合同结算、合同变更、中止解除与纠纷处理、框架协议采购合同执行、履约评价、合同档案、优化营商环境等领域的最佳管理实践，并精选了部分典型案例，多维度、多方面地展现了供应链合同管理的国家电网有限公司特色经验及取得成效。同时，结合"大云物移智边链"等新技术和绿色化、数智化的现代供应链发展思路，对未来优化提升方向进行了一些前瞻性的思考。

本书在编写过程中，得到多位同行及内外部专家的指导和支持，在此表示诚挚的感谢。限于编者水平，书中不足之处在所难免，恳请各位专家、读者提出宝贵意见。

编　者

2024 年 11 月

国网绿色现代数智供应链知识体系丛书

供应链合同管理

Contents
目　录

第一章

供应链合同管理概述

合同是现代社会市场主体开展各种经济活动的基本法律形式，其业务渗透至企业经营管理活动的诸多领域。合同管理工作对保障企业实现经营发展目标、维护企业合法利益、防范化解企业风险和确保企业合规经营具有极其重要的作用。现代企业间的竞争，是供应链的竞争。在现代企业管理实践中，供应链管理对合同管理提出了更高要求，合同管理的目标也增加了新的内涵。国家电网有限公司（简称国家电网公司）与时俱进，以绿色现代数智供应链建设为指导，进一步明确了合同管理的定位，梳理了合同管理体系，积极开展管理与技术创新实践，搭建了一套具有自身特色的供应链合同管理体系。

第一节 合 同 概 述

合同是合同管理的对象。深入加强对合同的理解和把握，充分认识合同的法律属性和订立合同的重要意义，对加强合同管理、助力提升管理质效、确保依法合规经营具有十分重要的基础作用。

一、合同的基本概念

《中华人民共和国民法典》（简称《民法典》）第四百六十四条对合同进行了明确

延伸阅读
民事主体

定义，即"合同是民事主体（详见二维码）之间设立、变更、终止民事法律关系的协议。"

从以上定义来看，合同是当事人达成合作意向的基础载体，是明确各方权利义务、约束各方行为、保护各方合法权益和解决纠纷争议的重要法律依据。订立合同，对维护和保障企业经济交往、促进市场健康有序发展起着至关重要的作用。

二、合同的法律属性

合同是现代民法中的重要法律概念之一。一般来说，合同具有以下法律属性：

（1）合同是一种民事法律行为。该行为是民事主体通过意思表示设立、变更、终止民事法律关系的行为。也就是说，在符合法律要求的前提下，只要合同相关方意思表示一致，该合同将具有法律约束力，受法律保护。合同的这一法律属性，使其成为市场经济中企业对外经济交往的常用形式。

（2）合同是平等民事主体之间所实施的民事法律行为。从合同的实施主体来说，订立合同主体的法律地位是平等的。合同中体现的平等主体间的民事法律关系区别于国家与公民之间存在的行政法律关系，以及用人单位与劳动者之间的劳动法律关系。这里的"平等"体现在两个方面：①在民事合同法律关系中，民事主体没有上下级之分，没有高低和从属之别，企业不论规模大小，法律地位一律平等；②合同是双方自愿达成的民事法律行为，任何一方都不得将自己的意志强加给另一方。除特别说明外，本书中所指的合同均指民法合同。

（3）合同是以设立、变更、终止民事权利义务为目的的民事法律行为。当事人订立合同的目的，是为了设立、变更、终止民事权利义务，而这些权利义务，需要通过签署合同来明确，通过合同履行来实现。

（4）合同受法律保护和约束。依法成立的合同，受法律保护。合同一经生效就具有了法律效力，当事人任何一方不得随意变更、撤销或解除。当事人无正当理由不履行合同，就要承担相应的法律责任；其他任何组织和个人不得侵犯其合法权益。

三、合同的基本内容

合同的基本内容即合同的一般条款。我国现行《民法典》第四百七十条规定，合同的内容由当事人约定，一般包括下列条款：①当事人的姓名或者名称和住所；②标的；③数量；④质量；⑤价款或者报酬；⑥履行期限、地点和方式；⑦违约责任；⑧解决争议的方法。若合同中缺少这些条款或这些条款不明确，可能导致合同不成立，也可能导致合同很难履行，则订立合同的初衷和意图就很难实现。

（1）当事人的姓名或者名称和住所。作为民事主体，合同当事人分为自然人、法人或非法人组织三种类型。不同类型的当事人，合同约定内容不完全一致。当事人为自然人的，一般应明确记载姓名、户籍地址、经常居住地址、身份证号、联系方式等内容；当事人为法人或非法人组织的，一般明确记载名称、住所、法定代表人或负责人、统一社会信用代码、联系人、联系方式等。

（2）标的。合同标的是合同法律关系的客体，是合同必备的要素。例如，买卖合同往往以物资为标的，合同中应明确标的物的品种、规格、型号、式样、颜色等具体内容；运输、技术、保管等服务类合同往往以相对应的服务内容为标的。

（3）数量。合同应明确规定标的数量、计量单位，涉及分期付款、分批交货的，还应明确每批（期）次的交付数量、计量单位和付款金额等内容。

（4）质量。合同中应明确规定标的的质量标准或验收标准。例如，合同约定的质量执行的是国家标准、行业标准、地方标准还是企业标准，以及标准编号、标准的具体内容等。

（5）价款或者报酬。合同中应约定价款或报酬的金额和计价方式，是固定的单价或总价，还是浮动价格、浮动比例，抑或是盯住某类价格指数等。除价款或报酬外，合同还应明确价款或报酬的支付条件、支付凭据、支付比例、支付期限、税率及银行账户、开户行等与结算相关的内容。

（6）履行期限、地点和方式。合同应明确当事人的履行期限，如交货（提货）期限或具体日期、质量保证期、合同存续期等。在约定履约交货（提货）地点、交付方式的条款时，还应明确货权转移的时点、在途运输保险和风险的承担方、交付验收事项等内容。例如，合同约定供应商应为在途（从出厂至约定交货地点）的标的物缴纳全额保险，在途期间发生的一切质量和安全风险由供应商承担，货物验收合格后由采购方进行收货确认，货权转移至采购方。

（7）违约责任。合同应明确当事人不履行或未完全履行合同约定的事项时，违约方应承担相应的经济责任，赔偿对方相应的经济损失，或可根据违约方的具体违约内容，做出相应的处理。当事人约定本条款时应注意：①违约责任约定是双方的，不是针对某一方的；②违约责任约定应是全面的，应涵盖各种违约可能性，覆盖全部业务环节，避免因约定遗漏而出现无据可依的情况；③违约处理应是具体的、明确的，不应出现模棱两可或不便于执行的条款。例如，不应出现"承担一定的赔偿责任"等字眼，这里"一定的"约定不便于后续执行，应尽量避免。

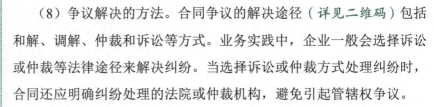

（8）争议解决的方法。合同争议的解决途径（详见二维码）包括和解、调解、仲裁和诉讼等方式。业务实践中，企业一般会选择诉讼或仲裁等法律途径来解决纠纷。当选择诉讼或仲裁方式处理纠纷时，合同还应明确纠纷处理的法院或仲裁机构，避免引起管辖权争议。

除上述一般条款外，基于合同标的自身的特性，不同类型的合同还包括一些特定的内容。例如，《民法典》第五百九十六条规定："买卖合同的内容一般包括标的物的名称、数量、质量、价款、履行期限、履行地点和方式、包装方式、检验标准和方法、结算方式、合同使用的文字及其效力等条款。"这意味着，"包装方式、检验标准和方法、结算方式"等内容也是构成买卖合同的重要内容，在缔结合同时应予以重点明确，避免出现履约纠纷。《民法典》第七百九十五条规定："施工合同的内容一般包括工程范围、建设工期、中间交工工程的开工和竣工时间、工程质量、工程造价、技术资料交付时间、材料和设备供应责任、拨款和结算、竣工验收、质量保修范围和质量保证期、相互协作等条款。"因此，在业务实践中，企业应根据《民法典》及相关法律法规的规定，结合标的业务的实际情况，对合同条款进行完整、准确、全面的表述，以保障合同的有效性和可操作性。

第二节　合同管理概述

在现代法治社会，企业的经营活动都是建立在合同的基础之上。在充满不确定性和复杂多变的市场经济中，企业对外经济活动的成效与合同管理有着密切的关系。因而，合同管理在现代企业管理中的重要性日趋凸显，已成为企业高质量发展的重要保障之一。

一、合同管理的基本概念

企业合同管理是企业对以自身为当事人的合同依法进行谈判、起草、订立、履行、变更、解除、纠纷处理、转让、终止及审查、监督、控制等一系列行为的总称，其中谈判、起草、订立、履行、变更、解除、转让、终止是合同管理的内容，审查、监督、控制是合同管理的手段。

要保证一个合同从谈判到履行不出现大的风险，确保合同如期履行并顺利达成既定目标，离不开合同管理工作的过程管控和支撑保障。

二、合同管理的基本特征

合同管理具有全过程、系统性、前瞻性、专业性和动态化等特征。

（1）全过程。合同全过程又称合同全寿命周期，是指从产生订立合同的意向开始至合同终止（若有纠纷，应在纠纷均已解决后）的全过程，不仅包括签订前的合同需求确立、合同谈判，还包括签订中的起草、订立与生效，以及签订后的履行、终止等整个过程。每一个过程都是一环扣一环、紧密结合、不可缺少的。

（2）系统性。合同管理往往涉及企业内部诸多部门及外部的合同相关方企业。在一些大中型企业集团，合同管理还会涉及多层级单位。只有将合同管理作为一个系统性的工作，实现企业内部各部门横向协作、分级授权管理下的总部集中管控及内外部企业的联动协作，才能实施好合同全过程管理工作。

（3）前瞻性。防范风险发生是合同管理的重要目标。"防范"意味着事前管理和预警管理，要求在合同签订前把可能存在的风险都考虑周全，在合同起草时设立明确的条款对可能出现风险的权利义务事项进行详细的约定，在合同履行中及早预判风险源和风险发生概率并制定相应的预案，尽可能预防和避免风险发生。即便不可避免地发生风险，也应及时预估风险，提出响应预案并开展风险应对，努力将风险损失降至最低。

（4）专业性。合同管理是法学、经济学与管理学高度融合的综合性管理工作，需要从业人员具备扎实的法律理论知识和职业素养，同时具有丰富的业务实践和经营管理经验。

（5）动态化。合同管理是一个动态的管理过程。当合同所在的政策环境、市场环境或双方合作的基础发生了变化，合同变动的可能性也将会随之产生。因而，合同管理工作应根据国家、行业的发展形势及企业在不同发展阶段的管理需要不断完善。

三、合同管理的实现路径

作为企业经营管理的一项基础性工作，合同管理往往需要设立专业机构或岗位来组织实施该项工作。通过建立规范化的管理制度，对各业务流程开展标准化动态管理，推动业务内外协同，推进合同管理数字化转型和开展全过程的运行监管等工作，实现为企业经营管理服务的目标。

（一）建立高效运行的组织机构

合同管理工作离不开企业内部机构和外部机构的高效协作。合同管理的内部机构一般包括合同承办部门、法务部门、财务部门、审计部门、纪检部门、综合管理部门及由相关领导组成的合同管理委员会等。外部协作机构主要指合同所涉及的外部相关各方当事人。

合同管理工作的高效开展，须建立在各组织机构职责明确和高效协作的基础上，因而，企业在管理制度中须对各个机构的职权、责任及各机构之间的联动机制进行明确规定，形成职责清晰、协作高效、高度配合和同向发力的组织协作机制，确保各机构在职责范围内开展工作，各机构之间能迅速响应并形成有效联动。

（二）构建规范健全的管理制度

制度建设是管好合同的重要基础。合同管理制度是企业管理要求和管理经验的系统性总结，也是企业进行内部管理和对外活动的规范性文件，是规范合同行为、开展合同管理的重要依据。

现代市场经济条件下，企业应形成一整套健全完备、覆盖全程、高效协同的合同管理制度体系，来确保合同管理全过程"有制度可依"。同时，企业应强化制度执行的严肃性，保障企业"有制度必依"。

一套完善成熟的合同管理制度体系，通常分为纵向和横向两个维度。纵向上，合同管理制度由效力层级不同的规章制度组成，如制度通则、规定、办法、细则等，这些规范性文件的效力依次递减，即制度通则是企业关于合同管理的基本制度，与合同管理有关的规定、办法、实施细则等文件必须贯彻落实制度通则的精神和要求，并与其保持一致；规定、办法、实施细则与制度通则不一致的，以合同管理制度通则为准。横向上，合同管理制度体系还包括其他与合同全过程管理相关的制度，作为合同管理在不同阶段的规范性文件，指导该阶段合同管理工作的具体开展，确保制度通则的最终落实。

一般来说，合同管理制度体系除了包括一份总纲式的管理制度，还包括合同授权委托管理制度、合同范本管理制度、合同用章管理制度、合同承办管理制度、合同纠纷处理制度、合同风险管控制度、合同档案管理制度和合同信息化管理制度等内容。常见的合同管理制度体系见图1－1。

（三）搭建畅通协同的业务体系

从全寿命周期来看，合同管理业务一般包括合同需求确立、合同谈判（合作意向确立）、合同签订、合同履约与结算、合同变更与转让（或有）、合同中止与解除（或有）、合同违约与纠纷处理（或有）、合同完结与履约评价、合同归档等业务全流程，以及贯穿于业务全流程的风险管理和协同管理等内容。

合同全寿命周期管理业务体系见图1－2。

图1－1 合同管理制度体系图

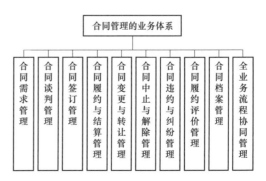

图1－2 合同全寿命周期管理业务体系图

（1）合同需求管理。合同起源于需求，需求经审批通过是合同程序启动的第一步。

（2）合同谈判（合作意向确立）管理。该流程实质上是确定合同对方当事人和合同具体内容的管理过程，一般由企业的实际需求单位直接组织执行。在业务实践中，因法律法规的某些强制性规定及企业管理的需要，一些中央企业和国有企业往往采用招标采购的方式替代谈判方式来确定合同当事人和明确合同内容。招标采购过程往往由招标采购部门组织执行，合同管理部门参与采购文件准备与评审工作，并在企业发出中标通知书或成交通知书后，按照招标文件或采购文件及中标人的投标文件或应答文件的约定，订立书面合同。例如，依法必须招标的项目（详见二维码），需按照《中华人民共和国招标投标法》《中华人民共和国招标投标法实施条例》及相关法规的规定，开展招标采购和合同签订工作（详见二维码）。

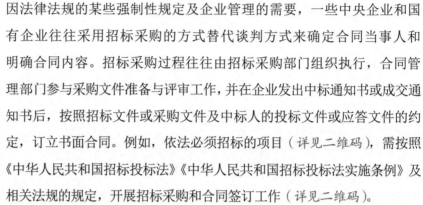

（3）合同签订管理。主要是对合同范本应用、合同起草、合同审核审批、合同签署用印、合同与订单生效等业务流程的管理。

（4）合同履约与结算管理。主要是对货物（或服务）交付计划确立、货物（或服务）交付、货物验收（或服务评估）、标的物安装投运（或有）、合同结算、货物质保或售后跟踪服务（或有）等业务流程的管理。

（5）合同非正常履行管理。在合同签订和履行过程中，受市场环境、采购需求变化、供应商产能变动和政策调整等多种因素影响，往往会发生合同变更、合同转让、合同中止、合同解除、合同违约、合同纠纷等非正常履行情况。该类情况也是合同管理的重点，若管控不到位，往往会成为合同风险的主要来源，合同管理部门也应对其重点关注。

（6）合同履约评价管理。主要是对合同履行情况进行评估管理，以确定合作方的交付时效、服务能力和协作配合等是否按合同约定执行，判断合同是否达成预期目标。合同履约评价也是供应商绩效评价的重要组成部分。

（7）合同档案管理。合同档案是合同当事人合作的重要文件，也是处理合同纠纷的重要法律凭证，因而合同档案管理工作同样重要。该工作主要是按照国家法律法规要求和企业管理的实际需要，对合同档案的存储、整理、检索和销毁等活动进行系统化、规范化和标准化管理的过程。在业务实际中，合同档案管理一般分为业务部门合同归档资料整理提交与档案保管部门合同档案保管两个分工协作环节。

（8）合同风险管理。合同行为是一个动态变化的行为。即便在合同签订时考虑足够周全，在履行过程中还是会存在一些无法预见的主观和客观因素，可能导致合同风险发生。一个健全的合同风险管理工作，能助力企业防范法律风险，保障企业经营安全，提升企业品牌价值，因而风险管理也是合同管理的一项重要工作。

（9）全业务流程协同管理。合同管理是一个系统的工作，不仅覆盖诸多业务环节，也涉及诸多内部业务部门和外部相关各方当事人。多环节、跨组织的业务属性，使得合同管理工作需要加强全业务过程、全参与主体的协作管理，才能实现合同全寿命周期管理的目标。

（四）建设可靠高效的信息系统

在信息技术飞速发展的今天，办公信息化、自动化、智能化成为大势所趋。合同管理信息系统具有的强大数据归集、处理与分析能力，对企业特别是大中型企业集团的合同管理与风险管控成效尤为显著。

合同管理的信息化建设，应当满足以下六项基本要求：①须满足合同全寿命周期管理的要求，助力企业更高效地开展全过程管理，实施全过程动态监控；②应规范程序、固化流程，强化各管理层级、管理部门、内外部用户间的职能分配，做到职权清晰、权责明确，实现企业、部门、岗位、用户间的相互监督和业务协作；③应与企业其他信息系统实现协同共享，加强合同与业务、财务、审计系统的联动，通过技术手段实现系统对异常信息的预警作用，加强合同履约监督与资金安全管理；④应实现安全运行，确保网络安全、数据库安全和应用安全；⑤应不断提高系统的自动化、智能化水平，不断提高管理效率；⑥应平衡建设运维成本与产出效益之间的关系，为企业节约管理成本、提升管理效率、创造经济价值。

（五）开展全面有效的运行监管

对合同全过程开展运行监管，做好事前预防、过程控制和事后监督工作，是确保合同有效性和合法性、及早预防和发现风险、提高合同履行质量及提升企业合规管理水平的重要手段。

实施好合同全过程运行监管工作，应至少落实以下工作：①首先要从思想上强化合同全寿命周期管理理念，摒弃"重签订、轻履行"的观念，提升全过程管理和风险防范的意识；②应按照操作、监管职能分立的原则，组建合同运行监管部门或设立合同运行监管岗位，建立合同管理绩效考核机制，推动监管工作高效落实；③结合业务实际，做好合同全过程各业务环节风险点识别，制定运行风险监管手册，为运行监管提供管理依据；④重视信息化手段对合同全过程管理工作的支撑和保障作用，建设合同管理信息系统。利用信息技术优势，规范工作流程，开展全过程监控，推动合同管理的透明化和智能化。

第三节 供应链视角下的合同管理

传统的合同管理仅关注单一合同本身，而供应链视角下的合同管理则以服务企业供应链为根本目标，需要跳出合同及合同管理专业本身，站在企业全局和供应链全局的高度，以合同管理为抓手，服务企业供应链发展战略和精细化运营管理，服务供应链生态体系高效协同运行，助力实现企业供应链战略目标。

一、供应链管理的核心理念

从供应链视角下看合同管理，首先需要系统把握供应链管理和供应链管理的理念。

供应链管理是随着企业竞争环境的变化、竞争优势的转变及随之产生的企业管理模式的变革而出现的。21 世纪初，企业的竞争转移到了敏捷性上，竞争优势体现在如何快速响应市场并满足不断变化的多样化需求。这种环境要求企业必须能获得实时的需求信息，快速组织生产资源，把产品送到用户手中，提高用户满意度。供应链管理正是顺应这种新的竞争环境而生。

供应链管理本身是一种集成的管理思想和方法，其本质是通过对供应链实施计划、组织、领导、协调和控制等行为，使供应链从采购开始到满足最终用户需求的所有过程均高效率地操作，以最优的成本，把合适的产品以合理的价格及时准确地送到用户手中，实现供应链效能最优。

供应链管理蕴含着丰富的管理学思维。《供应链管理　第 1 部分：综述与基本原理》（GB/Z 26337.1—2010）提出了供应链管理的八大基本原理（详见二维码），即资源横向集成原理、系统原理、多赢互惠原理、合作共享原理、需求驱动原理、快速响应原理、同步运作原理、动态重构原理。该标准从资源的互补集成、系统的全局优化、合作伙伴的协同分享和需求的快速响应等方面对供应链管理的基本原理进行了全面阐述。

延伸阅读

供应链管理的
基本原理

在上述基本原理的基础上，一些专家提出了供应链管理的四大核心理念。

（1）整合理念。供应链管理的概念从首次提出到现在已有 40 余年的历史。在供应链管理的多年实践中，人们已将供应链管理从一般性的管理方法提升到整合思维的理念。这一思维范式强调从供应链整体最优目标出发寻求最佳市场资源整合的模式。

再强大的企业，其资源和能力在庞大的市场面前都是十分有限的。仅靠一己之力，企业的发展空间将会受到限制。因此，整合理念就成为供应链管理的重要核心理念之一。

（2）合作理念。供应链管理业务实践中非常重视合作伙伴之间的合作。只有实现了合作伙伴之间真诚的、战略性的合作，才能共同实现供应链的整体利益最大化。供应链管理的对象是一个企业群，其中的每一个企业都有各自的核心业务和核心能力，如何将这些企业的能力整合在一起形成真正的合力，是能否实现供应链整体目标的关键。供应链"链主企业"（详见二维码）必须能够兼顾合作伙伴的利益和诉求，这样才能调动合作伙伴的积极性。

（3）协调理念。供应链管理涉及若干个企业在运营中的管理活动，为了实现供应链管理的整体目标，相关企业在运营活动中必须按照计划协调运作，不能各自为政。任何一个环节的不协调，都会影响整个供应链的整体效率。

（4）分享理念。供应链管理的另一个重要理念是收益共享。通过供应链资源整合，形成合作伙伴关系，协调运作达到整体利益最大化，这还不是供应链管理的全部。事实上，能否达到上面说的这几点，还有一个重要的影响因素，即供应链的收益共享。收益共享，是保证合作伙伴能否真心实意地与链主企业站在一个阵营内的重要条件，也是双方合作走得长远的重要保障。

二、供应链管理理念对合同管理提出的新要求

传统的合同管理，一般是站在合同和合同管理专业自身的视角去管好每一份合同，其管理目标主要是防范化解合同风险和确保企业合规经营。数字化供应链管理时代，合同管理工作不仅要把每一份合同管理好，还要以供应链管理理念为指导，以供应链协同平台为依托，积极推动全链内外协同，快速响应市场需求，有效防范市场风险，与合作伙伴同心协力，共同服务产业链供应链建设。

（1）以战略为指引，站在全局的高度开展合同管理工作。企业战略是企业实现长远发展的全局性、总体性谋划，是企业管理的最高纲领和最终目标。要构建一个完整严密、安全稳定、韧性强劲的供应链体系，离不开供应链战略的指引和各业务部门及链上企业的共同努力。这要求合同管理工作的每一位员工，从基层的员工到中高层管理人员，都要转变思维，要以供应链管理理念为指导，以实现企业供应链战略为目标，不仅要实现自身精益化管理，还要树立全局服务意识，站在企业全局的高度甚至是产业链的高度，更高层次、更大格局地完成本位工作，并发挥自身优势，赋能相关节点，

凝聚合力，共同为供应链产业链建设服务。

（2）以需求为导向，把用户满意度作为衡量管理成效的指标。供应链管理时代，用户满意度是供应链绩效评价的一个重要指标。供应链视角下的合同管理，应以需求驱动理念为指导，以快速响应市场需求为主旨开展工作，将终端用户满意度作为衡量合同管理成效的重要指标，以用户满意度为准绳，优化合同管理工作，联通前端和后端，实现供给和需求的精准匹配。

（3）以平台为依托，推动企业内部及链上企业协同运作。企业供应链建设涉及企业多部门、分支机构和众多链上企业间的协同运作。要想高效地推动各方协作，需要合同管理工作以整合、合作和协调理念为指导，借助信息化、自动化、智能化的现代信息技术手段，推动企业内部各业务环节和链上企业间业务流程互通、数据信息共享，实现业务高效集成化、同步化运作，促使各业务环节和各参与方步调一致、协同行动，全面、高效地完成合同约定的既定义务，并及时应对合同履约中出现的突发情况，迅速做出动态调整，不断提升市场响应和应对能力。以制造企业销售合同的协作管理为例，合同管理部门往往需要协调企业内部的销售部、设计部、采购部、生产制造部、质量部、物流部、售后服务部等业务部门和财务部、法律部等支撑保障部门，以及下游需求企业、物流企业等外部企业，通过内外部分工协作，实现协同化作业和订单准时交付，提升用户满意度，助力企业实现供应链发展目标。制造企业销售合同管理的内外部机构协作流程见图1-3。

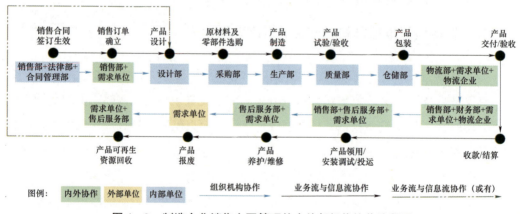

图1-3 制造企业销售合同管理的内外部机构协作流程图

（4）以安全为底线，快速应对供应链变动风险。市场是一切经济活动的根源，而市场环境又是动态的和复杂多变的。因而，企业供应链结构（见图1-4）的稳定性和风险大小也将一直处于动态变化中。无处、无时不在的市场风险要求合同管理以动态重构理念为指导，将管理的视野放长远，不仅要关注直接合作伙伴的履约风险，还要关注和研判其上游合作伙伴及上游市场风险对其的风险传导，避免发生"蝴蝶效应"（详见二维码）而影响自身供应链安全。以物资采购合同为例，合同管理工作不仅要关注供应商的履约风险，还要关注供应商的供应商的履约风险，若其市场环境或其信用、经营状况发生不利变化，也将会对企业的采购合同履约产生不利影响。合同管理工作要及早发现风险苗头，研判形势，密切跟踪风险动向，及时发出履约预警，协助相关部门尽早做出预防和应对预案，尽最大可能规避风险。

延伸阅读

蝴蝶效应

（5）以共赢为目标，促进上下游企业共生共荣。供应链是由多方企业构成的网链结构，如图 1-4 所示。只有企业间实现真诚协作，合理分配价值，才能凝聚合力，共同实现供应链整体利益最大化。若链上各企业都只顾各自利益，则会损害供应链整体目标，最终也无法保障个体利益最大化。合同管理工作应以分享、合作和协调理念为指导，以需求驱动为导向，合理配置各方价值，推动标的采购、生产制造与需求的对接，保障合同交付成功率，促进上下游企业产供需协同，实现多方共赢。以制造业供应链上下游企业合作为例，在需求企业产生采购需求后，其采购需求计划转化为采购服务企业的采购计划，经采购确定供应商后，需求企业与供应商签订采购合同并生成需求企业采购订单，该采购订单计划随即转化为供应商同步化的生产计划，生产计划又继续向上作用，催生了基于准时生产的原材料（零部件）供应计划。在这条供应链中，需求企业、采购企业、供应商、供应商的供应商以满足终端用户需求为最终目标，在终端用户的订单驱动下形成前后关联的业务关系。任何一个企业的任何一环出现失误，都将对供应链全局和链上各企业的收益造成影响。因此，只有同心协作，形成合力，才能最终为用户服务，实现企业价值和供应链全链价值最优化。制造业供应链上下游企业的产供需联动见图 1-5。

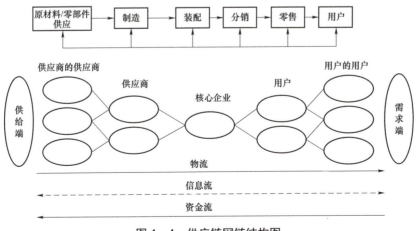

图 1-4　供应链网链结构图

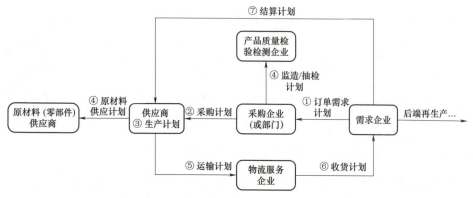

图1-5 制造业供应链上下游企业的产供需联动示意图

三、供应链视角下合同管理的目标

合同管理对保证合同精准高质量履行、有效控制风险、促进企业依法合规经营和提高企业管理质效发挥着基础性作用。供应链视角下的合同管理，除了要实现上述基础性的管理目标，还应实现以下管理目标。

（1）促进业务高效协同，助力推动全链共同发展。合同管理要求精益管理和协同管理并重，在突出长板效应、打造优势服务领域、做好本专业精细化管理的同时，着眼大局，发挥其桥梁和纽带作用，以内外部高效协作的工作机制和开放畅通的数字化供应链协作平台为抓手，推动各业务环节和参与单位实现高质量协同，共同提升供应链服务能力。制造企业生产设备采购合同的业务协作场景见图1-6。

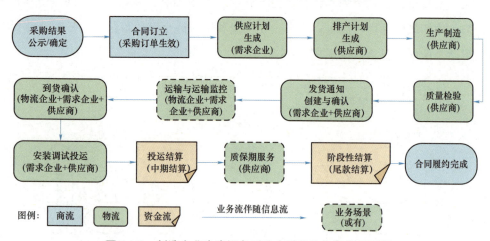

图1-6 制造企业生产设备采购合同的业务协作场景图

（2）提高服务响应质效，助力提升供应链柔性。合同管理不仅要助力业务部门更及时、高效地发现全链业务存在的短板，也应推动供应链合作伙伴间基于共同的发展目标，从全链视角持续畅通产业链供应链发展的断点堵点，促进产学研用无缝对接，不断提升市场响应速度，快速应对市场变化，助力链上企业提供更加优质、创新、绿色的产品与服务，提升供应链整体竞争力。

（3）实施风险动态监控，助力增强供应链韧性。对合同及合同标的物实施全过程动态管控，通过对合同标的物排产与生产制造过程的跟踪与监控，以及对标的物行业市场产供需趋势和产品交付周期、价格走势的分析与研判，加强对合同履约风险的识别、预判和预警，持续提升供应链的风险抵御能力和应对风险的快速恢复能力，及早预防、预警供应链风险，维护供应链安全稳定。

（4）构建和谐生态体系，共同推动产业链高质量发展。供应链链主企业应以现代产业链供应链思维为指导，集聚各要素企业，以供需匹配为基础，以全链价值最优、共促高质量发展为原则，以为终端用户提供优质产品与服务为目标，确立各企业目标任务并匹配其合理价值，以此构建和谐稳定的合作伙伴群体，稳定合作关系，保障各方步调一致，在推动企业供应链优化提升的同时，以需求引导供应优化升级，共同推动产业链高质量发展。基于采购业务的供应链生态伙伴业务关联见图1-7。

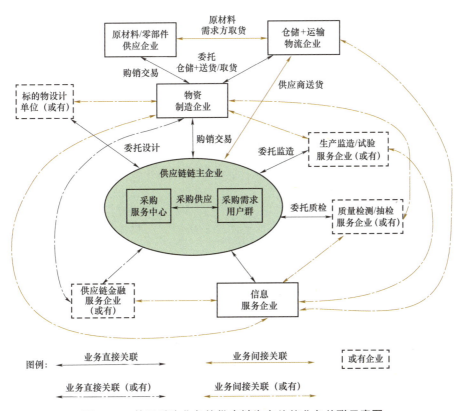

图1-7 基于采购业务的供应链生态伙伴业务关联示意图

第四节　国家电网公司的供应链合同管理

国家电网公司用链式思维创新生产、组织和服务方式，践行供应链思维、全力保障供应、确保合规高效、实现协同共赢的理念，构建由组织架构体系、核心业务体系、管理运作体系、制度标准体系、监督内控体系组成的全域采购合同一体化管理体系。管理范围覆盖物资与服务全品类采购合同，业务链条覆盖合同全寿命周期，通过集约化、数智化等创新举措，提升采购合同签约、履约供应、资金结算及履约评价等供应链合同全链业务管控水平，促进合同管理工作转型升级，有力保障支撑工程建设，助力营商环境持续优化，推动构建供应链和谐发展生态。

一、管理定位

作为具有超大规模采购和供应需求的能源电力行业企业，国家电网公司自然成为链接产业链供应链上下游企业的核心枢纽企业。加快建设绿色现代数智供应链，是国家电网公司积极响应新时代新形势新要求，充分发挥链主企业引领带动作用，服务新发展格局、推动公司和电网高质量发展、支撑供应链上下游企业共赢发展的主动作为和担当之举。国家电网公司绿链建设"八大行动"❶全面强化供应链一体化协同运作，聚焦"三效"❷，全面推动供应链平台与服务升级、绿色和数智升级。

作为国家电网公司绿链建设"八大行动"的重要环节和内容，供应链合同管理对内衔接各专业、各层级、各部门，对外连通各物流、生产企业和有关单位及部门，是强化物资供应保障的重要基础、促进企业提质增效和强化依法治企的重要环节；同时也是国家电网公司与供应商密切协作、服务优化营商环境的前沿窗口；是供应链上高效协同产供需各方的关键环节；是供应链上"业务流、实物流、资金流、数据流"高度融合的重要领域。

近些年，电网建设步伐的不断加快和经济社会发展的复杂多变，对供应链合同管理工作提出了更高的要求。国家电网公司基于合同管理的总体定位和关键要素分析，

---

❶ 绿链建设"八大行动"，引自《国家电网绿色现代数智供应链发展行动方案》，具体包括供应链"链主"生态引领、规范透明化阳光采购、全寿命周期"好中选优"、建设现代物流增效保供、绿色低碳可持续发展、创新固链保安全稳定、数智化运营塑链赋能、全面强基创国际领先。

❷ "三效"：指效率、效益、效能。

结合企业的创新实践，明确形成国家电网公司供应链合同的管理定位。

（一）强化供应链思维

国家电网公司的供应链合同管理涉及合同主体和管理内容众多，强化供应链思维具有非常重要的指导性意义。供应链视角下的合同管理架构具有多维、立体的特点。对内，合同管理前承物资需求计划、招标采购，甚至是再前端的项目可研、初设，是项目意志和采购意志的执行落实；后启物资生产供货、质量监督、资金支付、建设运维，业务流、实物流、资金流、数据流真正融合、充分汇聚。对外，合同管理在强化保障电力物资安全可靠供应的前提下，充分发挥链主企业主导作用，以采购供应需求强大的牵引力，引领带动链上企业专业化协同整合，助力营造"良性互动、稳定健康"的市场环境。国家电网公司基于供应链思维的合同管理，一方面，合同签订不再只是招标采购的后续环节，即机械被动的执行落实，反而是将合同管理向供应链前后端进行延伸，辅助提升前端需求提报的准确性，前瞻考虑后续合同执行的合理性、可行性，确保精准落地，推动供应链各环节的贯通融合、高效运作；另一方面，合同管理的目标和方向不再只是保障企业内部的需要，还需要兼顾合作伙伴的利益和诉求，引导供应链上下游相关资源要素优化配置，促进各方协同联动，提升整体供应链运作效率、效益和效能。

（二）扛牢物资保供首要责任

从细分类型的角度而言，国家电网公司建设的是生产保障型的供应链，全力保障供应是首要使命任务。国家电网公司作为关系国民经济命脉和国家能源安全的国有重点骨干企业，电力保供是首要责任。而在电力保供这项庞大的系统工程中，电力物资保障又是大电网安全稳定运行的重要物质基础，因此，提供高效可靠的物资供应保障，就成为了国家电网公司物资供应链的基本职责所在。基于合同管理是强化物资供应保障的重要基础，提高合同签订履约工作的效率和质量，确保合同项下电力物资的及时可靠和高质量供应，以高保障性物资供应确保电力安全可靠供应，也相应成为国家电网公司供应链合同管理工作的首要使命任务。在全力保障高效可靠供应的目标指引下，一方面，合同管理有效衔接物资需求，有效管控物资生产及交付进度，引导电工装备市场稳定，提高物资供应时效，确保响应迅速，为特高压等重要工程、抢险救灾及各项大型保电任务提供高保障性的物资供应；另一方面，通过物资类、服务类合同的协同管理，打造项目视角下合同集群管理模式，推动"工程—物资—财务"进度匹配。同时，在合同签订、履约等环节支撑物资质量管控，把好物资质量关，确保"好中选优"，协同保障物资"零缺陷"入网，为电网安全运行提供高可靠设备。

（三）坚守合规管理底线红线

供应链合同管理是国家电网公司依法治企的重要领域，对国家电网公司履行"三个责任"❶、高质量发展具有重要保障作用。合同管理应将国家政策引导、落实政策法规要求纳入其管理的主要内容，主动在优化营商环境、助力企业纾困解难等方面发挥积极作用。同时，合同管理积极协同相关专业部门，将国家电网公司规章制度、专业标准、管理规定等要求充分纳入合同，引导参与各方以合同为依据，依法合规履约，确保"按期规范签约、及时高效结算、按期按质供应"，全面满足保障供应，维护企业正当权益。依据政策法规和专业管理等要求，建立健全供应链合同管理制度体系，确保合同管理全过程"有制度可依、有制度必依"，并综合运用创新技术手段，将合规要求融入嵌入流程，加强系统的刚性管控；将合规防线前移至业务源头，实现合规管理风险实时监控预警。

（四）推动协作各方共赢发展

内外部协同是供应链稳定发展的基本要求，链上企业实现协作共赢是供应链可持续健康发展、保持长久生命力的根本保证。作为协调联系产供需各方的重要环节，国家电网公司供应链合同管理切实保障各方权益，促进实现共赢，为供应链体系的平稳有序奠定了基础。基于各方协作共赢发展定位下的合同管理，对内，推动各专业、各部门协同，依托行业级供应链公共服务平台，融入项目集群概念，深化业财协同，增强合同全面协同管控能力，综合运用现代化信息技术，实现基建项目保供、运行设备可靠、财务资金使用等链上业务协同共赢，促进供应链运营提质增效。对外，发挥"链主"作用，以合同管理为载体，协同供应商、物流商、监造单位、检测单位、信息服务商等链上企业，推动产供需高效协作和多方合作共赢，不断优化营商环境，以更便捷的信息交互、更智能的结算为链上企业缓解经营压力，助力链上企业降本增效，打造协同共赢生态圈，引领和带动电工装备产业链供应链高质量发展。

二、管理体系

国家电网公司采购供应需求体量大、覆盖面广、业务链条长，需要建立一套完整、高效的管理运作体系，保障合同全链高效有序运作。国家电网公司从供应链思维出发，以提升电网物资供应保障质效、提高合同全链条协同运作水平为目标，着手打造了以

---

❶ "三个责任"：指经济责任、社会责任、政治责任。

"合规化、协同化、一体化、智能化"为特点、涵盖物资类和服务类的全域采购合同一体化管理体系。

（一）物资类采购合同管理体系

国家电网公司物资采购合同管理体系由组织架构体系、核心业务体系、管理运作体系、制度标准体系、监督内控体系五部分构成，如图 1-8 所示。其中，组织架构体系是基础，核心业务体系是关键，监督内控体系是保证，管理运作体系、标准制度体系是支撑。它们互为依托、相互嵌套、协调推进，形成有机整体，推进产业链供应链有机融合，保障电网建设物资高效供应，引领供应链上下游高质量协同发展。

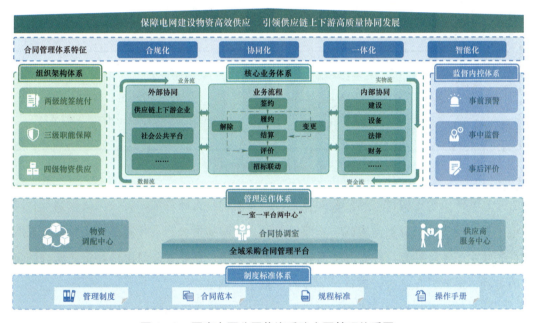

图 1-8 国家电网公司物资采购合同管理体系图

1. 组织架构体系

根据业务实际，推进组织结构扁平化、专业化，采用"职能＋矩阵"的工作模式（详见二维码），实现供应链合同业务由单一合同职能管理向全业务流程协同管理转变，形成了"两级统签统付、三级职能保障、四级物资供应"的合同管理组织体系，如图 1-9 所示。

供应链合同管理组织体系涵盖总部、省❶、市、县四个层级，总部全面负责国网物资合同承办的归口管理，物资公司业务支撑，专业

延伸阅读

"职能＋矩阵"的工作模式

❶ 省：为便于描述，组织架构体系小节中的省指各省公司和直属单位，直属单位与省公司属于同一层级，不再单独表述。

部门横向协同，总部、省、市、县纵向联动，与供应商、物流企业等外部互动，优质高效完成电网物资供应保障任务。

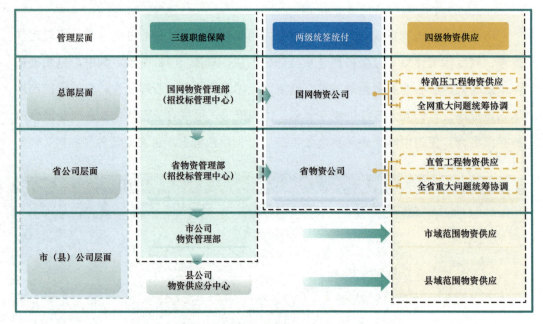

图1-9 物资合同管理组织架构图

（1）两级统签统付。规范合同签订、结算流程，实施总部、省公司两级物资合同集中签订与集中结算组织模式。总部层面设立国网物资公司，开展总部出资物资采购合同集中签约、结算；省公司层面设立省物资公司，开展省公司出资物资采购合同集中签约、结算，保障合同签订结算及时、规范、高效。

（2）三级职能保障。总部、省、地市公司三级物资合同管理机构分级负责物资合同履行、变更、解除、索赔和结算管理，统筹开展所属范围合同业务重大问题协调及指导、监督、检查和考核，推动物资供应保障能力与供应链合同管理能力提升。

（3）四级物资供应。总部、省、地市、县公司四个层级物资供应管理单位，横向加强与设备、建设、财务等业务部门协同，纵向强化各级物资合同执行部门联动，四个层面高效配合、相互衔接，为国家电网公司工程建设、电网运行和日常管理提供物资供应服务保障。

2. 核心业务体系

合同管理横向覆盖全采购业务类型，向前对接电网需求采购，向后衔接电网建设生产，协同法律、财务、基建等多专业，以物资类合同全寿命周期管理为主线，以内外两个高效协同为关键，推动供应链关键环节有效衔接，形成涵盖签约、履约、结算、评价主链路的核心业务体系，如图1-10所示，推动加强全方位、全过程的合同管控。

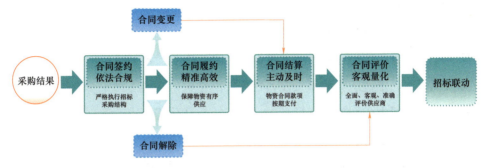

图1-10　供应链合同管理核心业务体系图

（1）合同签约准确规范。合同管理衔接采购业务环节，采用物资合同两级集中签订模式，严格按照采购结果组织签订合同，应用统一合同标准文本、电子签章在线完成合同起草、签署，确保自中标通知书发出之日起30日内尽早完成合同签订，提升合同签订效率，节省供应商差旅等签约成本。

（2）合同履约可靠高效。各级物资供应管理单位主动对接项目部门到货需求，实时掌握工程施工进度，根据工程里程碑计划、生产运输周期等，组织开展物资生产催交、配送跟踪、移交验收、现场服务等，确保物资供应和工程建设有序衔接，有效降低物资供应过程中的合同履约风险。

（3）合同结算精准及时。采用物资合同两级集中结算模式，物资到货、安装及运行阶段，各级物资供应管理单位严格按照合同约定的支付条件和比例，主动及时办理物资结算电子单据、支付申请与资金预算，确保物资合同款项按期支付，降低经营成本，缓解资金压力。

（4）合同变更解除依法合规。结合工程现场实际实行动态物资需求管理，各级项目管理部门和物资管理部门按照职责分工，严格审核合同变更事项和合同解除原因，规范办理合同变更、合同解除。物资合同供货范围变更严格执行"两单一协议"（审核技术变更、商务变更，签订补充协议），依据合同约定，严格合同解除和违约索赔管理，确保合同变更、解除依法合规。

（5）合同评价客观量化。按照"谁的业务谁评价"原则，通过一单一评价的方式开展合同评价，将评价权限延伸到基层一线，对供应商的合同签订、产品质量、合同履约、售后服务、运行质量等情况进行全面、客观、准确的综合评价，评价结果在电子商务平台（E-Commercial Platform，ECP）进行公示，并应用于后续招标采购工作，促进提升供应商产品质量和服务水平。

3. 管理运作体系

国家电网公司合同业务量大，涉及的管理链条长、协调环节多，离不开高效的运作体系、统一的数字化平台和服务支撑保障。因此开展了基于绿色现代数智供应链开展业务流程再造，推进运作体系变革，优化组织结构，完善工作职责，统筹应用合同协调室、物资调配中心和供应商服务中心，依托全域采购合同管理平台建设，各级合同管理组织体系和运行机构紧密配合、协同运作，形成"一室一平台两中心"的运作模式，促进业务融通，推动业务流、实物流、资金流、数据流"四流合一"，如图1-11所示。

图1-11 供应链合同管理运作模式图

（1）"一室"，即合同协调室。在总部层面设立合同协调室，以强化专业统筹、强化横向协同、强化合规督导、强化指导培训等为职责开展各项工作，推动全网提高合同管理专业能力及风险防范能力。支撑总部统筹协调全网合同全链条业务的重大事项，建设运营企业级业务平台，推动全链业务一体化部署、标准化运行，保障合同业务高效开展；搭建闭环的工作规则指引和评价考核体系，指导各省公司规范化运营，监督全网合同业务签订履约情况；畅通供应商反馈渠道，深入开展供应商调研，落实供应商关切的问题，营造良好营商环境。

（2）"一平台"，即全域采购合同管理平台。搭建面向合同管理全业务域的企业级一级管控平台，在品类、业务、服务对象、协同能力、功能服务等方面实现"五全"：①品类全，覆盖物资与服务两大品类合同；②业务全，上承招标，下启履约，串接签变履结全过程；③服务对象全，服务多维角色、多级用户，包括内部业务决策、管理、执行各层级人员，法律、财务、基建等跨专业人员，以及外部供应商；④专业协同全，物资域内全业务协同，物资域外系统全贯通，对接基建、经法、电商、金融各相关系统；⑤功能服务全，覆盖全量场景，支撑业务执行与分析管控两大类管理需求。平台以业务链为主线，通过供应链归集融合业务流、资金流、实物流、数据流，实现"四流合一"，推动合同业务与项目建设进度、财务成本数据匹配，实现"项目—物资/服务—财务"管理一体化协同。通过对合同业务全环节合规风险点的识别和分类分级管控策略实施，实现对合同全环节、多时点、多方式的一体化合规管控。通过对采购合同全寿命周期管理，带动对设备"采购—生产—发运—验收—投运—质保"全过程支撑，实现各专业互促提升，助力国家电网公司深化绿色现代数智供应链价值创造。全域采购合同管理平台总体流程见图1-12。

（3）"两中心"，即物资调配中心和供应商服务中心。国家电网公司在总部、省、地（市）公司设立三级物资调配机构，依托资源统筹、物资调配、监控预警、应急指挥功能，对内协调物资到货需求，对外协调供应商交货，高效满足电网项目建设、应急抢险等物资需求。同时，在总部和省两级设立"1+27"供应商服务中心，构建高效便捷的供应商服务体系，两级供应商服务中心通过实体大厅与"网上大厅"，为供应商提供业务咨询和办理，形成"现场服务+网上服务"相结合的运行模式，全面提升服务质量和工作效率。

4. 制度标准体系

合同管理制度标准体系既是供应链合同管理建设的重点内容，也是供应链合同管理的坚实基础和重要依据。国家电网公司结合供应链管理特点，开展合同管理制度标准建设工作，着力构建科学全面、操作性强、可推广复制的制度标准体系。目前已建成由管理制度、合同范本、规程标准和操作手册等文件共同组成的多层次、多维度合同管理制度标准体系，如图1-13所示。在促进合同管理合法合规、保障物资高效及时供应等方面发挥了重要作用。

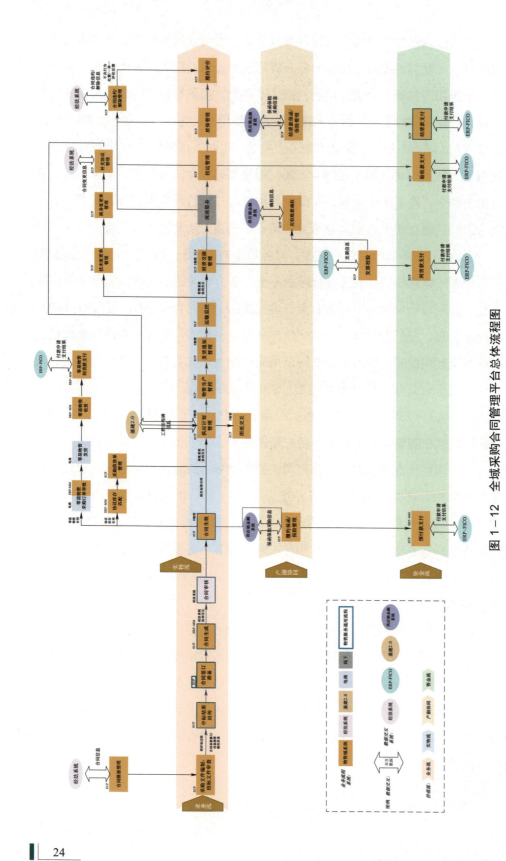

图 1－12 全域采购合同管理平台总体流程图

图 1-13　供应链合同管理制度标准体系图

（1）统一合同管理制度。制定《国家电网有限公司合同管理办法》《国家电网物资采购合同承办管理办法》等管理制度，建立制度体系动态优化机制，滚动修订合同管理通用制度，规范合同签订、履行、结算、评价等全流程业务，实现了合同管理标准化、规范化。

（2）统一合同标准文本。编制 138 套统一物资采购合同标准文本，涵盖各电压等级工程物资，以及计算机、办公用品等通用物资，结构化部署到 ECP，有效简化了合同起草和审核程序，提升了合同文本的规范性和实用性，提高了合同流转效率和质量。

（3）统一合同规程标准。建立并推广统一的《电力物资采购合同执行操作规范》、《电力物资采购合同技术规范及应用导则》（Q/GDW 12396—2024）等规程标准，形成标准统一、多维全面的合同关键业务应用规则，全面提升国家电网公司运营服务质量和风险防控水平，对内促进标准化管理再上新台阶，对外为其他企业合同规范化管理提供参考借鉴。

（4）统一合同操作手册。制定《供应商服务大厅运营手册》《物资调配中心运营手册》《总部直管工程物资采购合同签订工作手册》《500kV 及以上工程物资供应标准手册》等操作手册，细化合同管理流程步骤，明确业务规范及要求，为供需双方提供清晰、准确的操作指南，提升了业务各方的满意度和信任度。

5. 监督内控体系

国家电网公司高度重视合规管理工作，按照"管业务必须管合规"要求，各业务参与方、监督职能部门协作配合，形成监督合力，推进供应链合同风险共管共治。遵循"纵向到底、横向到边"的原则，针对合同签订、履约、结算、变更、解除、评价等全链条业务，从风险防控、业务提升两方面出发，建立了"事前预防、事中监督、事后评价"的监督内控体系，如图 1–14 所示。通过对业务开展情况评价优化和闭环改进，全面提升合同业务内控水平，持续增强合同服务品质和物力保障能力。

图 1–14 供应链合同管理监督内控体系图

（1）事前注重风险分析预判。聚焦供应链合同管理核心业务，梳理合同管理全流程存在的风险点及潜在风险因素，根据风险的重要性和规律性，制定切实可行的风险应对策略和内部防控措施，嵌入合同管理制度、核心业务、关键流程。依托数字化管控手段，开发合同交货期异常变更、物资合同结算及时性等合同风险防控"数字探针"，为合同业务办理加上"电子眼"，提升风险识别能力，确保合同管理风险点可知、可查。

（2）事中强化实时监控纠偏。突出全程监控预警协调，依托内嵌在各业务流程中的分析预警模型，系统自动校验，实现对物资交付、款项支付等异常风险的智能监测、精准识别。强化问题闭环跟踪管控，建立纵向到底的合同管理督办机制，针对存在的问题，合同协调室即时向责任单位发出预警信息，督促问题处置及整改反馈，实现业务及时纠偏，确保合同管理关键环节、重要节点风险可控、在控。

（3）事后突出考核评价提升。以业务指标管控为抓手，制定合同签订及时率、物资供应计划完成率、合同结算及时率、合同评价完整率等涵盖合同管理全环节指标体系，积极推广有效解决合同管理中瓶颈问题、急难问题的典型经验，引导激励各单位比效率、比协同、比质量。以强管理、堵漏洞、防风险为目的，开展交叉检查、实物盘点专项检查等活动，分析合同管理中的屡查屡犯、突出问题，剖析问题成因、深挖根源本质，制定切实有效改进措施，强化前后端协同管理，形成闭环管控，提升业务质效。

（二）服务类采购合同管理模式

在物资采购合同之外，为了满足工程建设、信息化建设、运维检修等需要，业务实践中还会产生大量的设计、施工、监理、技术咨询和后勤保障等服务类采购合同。按照"主办主责"的原则，国家电网公司各级基建、运检、营销、后勤等项目管理部门负责服务类采购合同签订和履行。为促进提升服务类采购合同管理水平，通过全域采购合同一体化管理平台，支撑服务类采购在合同签订、结算等关键环节的管理，实现服务类采购合同"一头一尾"业务线上化闭环管控、核心业务数据标准化沉淀和智能化分析。

针对"一头"，即服务类合同签订业务，充分借鉴物资类合同线上化作业流程，聚焦服务类合同签订与采购结果一致性管控，实现多应用系统贯通、采购结果结构化回传、合同线上签订。向前端实现无感化登录、合同协议书模版化应用，向后端实现经法系统流转、买卖双方签章线上化，进一步提升服务类合同签订的线上支撑水平。针对"一尾"，即服务类合同结算业务，通过服务合同执行结果与签约结果的在线比对，关联采购订单、合同编号、合同金额、结算金额、发票校验金额等关键信息，实时查看结算进度、结算状态、结算结果与签约金额比对等信息，实现服务合同结算结果的监控；同时通过设定执行结果与签约结果差值的阈值，依托统一支付平台对超过阈值范围的款项设置预警，有效降低款项支付风险，提高服务类合同的合规管控能力。全域采购合同一体化管理体系如图1-15所示。

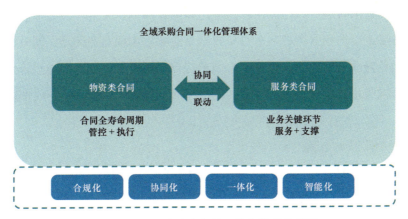

图1-15 全域采购合同一体化管理体系图

本书介绍的合同管理，主要以物资类采购合同管理为主展开。

三、创新举措

国家电网公司围绕"绿色、数智、行业"发展方向，强化战略思维、系统思维、创新思维和链式思维，当好供应链"链主"，推动管理理念及技术手段的创新变革，将现代的理论、统一的标准、丰富的场景、可靠的信息、科学的算法、合理的评价、创新的机制、严密的制度，运用前沿的技术嵌入供应链各环节中，促进全产业链供应链绿色低碳、数字智能转型。具体到合同领域，管理创新和技术创新双管齐下，共同提升供应链合同管理水平。

（一）创新管理举措

1. 加强全域合同一体化管控

建立全域采购合同管理平台，打造优质高效的供应链服务体系。将原采购合同的管理范围从物资单一类拓展到"物资＋服务"全品类，通过不同的管理模式，在主办主责和差异化管理要求的前提下，实现了对全品类采购合同的标准化与数智化支撑，满足企业级管理要求。

在物资合同管理中，创新引入"执管并重"的管理理念，以数字化工作台为抓手，将管控点和管控标准自上而下地嵌入系统流程中，对不同的管控节点采取分类管理。统一平台办理签订、变更、履约、结算等环节全链业务，确保"操作即合规""临期即预警"。同时引入时效分析、个人简报等辅助管理工具，实现智能化分析辅助下的各层级业务操作人员的自驱提升。

在服务类合同管理中，则抓住合同签约和结算两端，利用环节标准化功能进行支撑，并向前端连接采购业务、向后端集成结算业务，实现业务闭环。同时针对履约环节业务管理差异化大、业务执行灵活性强的特点，利用组件化的功能设计，对不同业务流程进行按需适配，在实现数字化赋能业务管理的同时达到业务数据标准化、统一化。

2. 推进物资采购合同"统签统付"

高质量开展物资合同总部、省公司两级集中签订与结算。严格执行招标采购结果，规范合同签订、审核、结算等流程，加快结算单据流转效率，建立总部及省（区、市）供应商服务中心，实现集中签订、集中结算的一站式窗口服务。

（1）统一合同文本应用。全面应用国家电网公司统一合同文本（简称国网统一合同文本）并定期进行修订，确保统一合同文本与法律条款、政策文件保持一致。贯通ECP、企业资源管理系统（Enterprise Resource Planning，ERP）、数字化法治企业建设平台等相关系统，对合同文本调整信息数据进行结构化，简化合同拟定流程，降低合同拟定成本，确保采购结果刚性执行，保障合同法律效力，避免合同签约双方法律风险。

（2）统一合同签订管理。采取总部、省公司两级集中签订模式，总部及省公司出资的物资采购合同，由两级物资公司统一组织签订，省公司下属各分公司不再签订物资采购合同，形成工作流程标准化、专业化程度高、工作效率高、服务满意率高的"一化三高"的物资合同签约服务机制。

（3）统一集中结算管理。根据合同"谁签订、谁结算"原则，由总部、省公司两级物资公司开展合同集中结算，筑牢横向协同纵向贯通长效机制，完善物资、建设、设备、财务等专业部门数据共建共享，规范结算单据办理，确保"两金一款"❶的全链条数据贯通，协同推进长效机制，保障合同款项"应付尽付、限期完成"，践行国家电网公司安全、优质、经济、绿色、高效的发展理念。

3. 设立重点工程物资供应项目部❷

对重点工程物资供应采用"项目制＋专业化"结合的模式，成立物资供应项目部。项目部在现场对接业主项目部、施工项目部、监理项目部、供应商，内部协调物资供应管理各专业。按照"前方现场执行，后方统筹协调"的机制运转，按需设置项目经理、现场物资代表等岗位，按照"工程前期抓策划、工程中期抓生产、工程后期抓服务"的工作目标，从工程核准、建设、调试、投运、竣工等环节进行项目全过程精细化管控，把控物资关键节点工作，规范高效开展物资供应工作，确保电网重点工程物资安全、及时、高效供应。

4. 建立特色合同评价管理机制

建立特色合同评价管理机制，引导供应商提升产品质量及服务水平。对电网物资合同签订、履约供货、现场服务、合同结算等关键环节进行多专业、多层次、多维度客观量化评分，评价结果反馈至资格预审环节、采购评审环节，客观反映供应商的履约能力，提升甄别优质供应商的水平，为供应商关系管理工作提供基础数据支撑。同

---

❶ "两金一款"即履约保证金、结清款（质保金）、合同进度款，详细内容见第九章第二节。

❷ "物资供应项目部"的详细介绍，参见第三章第三节。

时，充分发掘应用电网工程服务和物资全寿命周期各环节数据资源，对合同履约全过程全环节问题进行跟踪追溯，全方位促进供应商服务质量水平提升，促进电工市场良性发展，打造和谐共赢的供应链生态圈。

5. 提供多样化供应链金融选择

结合供应链特色引入保险、保理等金融产品，为供应商提供多样化选择。提供系统性的金融解决方案，快速响应产业链上企业的结算、融资、财务管理等需求，为资信良好的上下游企业提供金融服务，有效支持链上企业发展、服务经济社会。深化投标、履约保证保险替代等业务应用，全面推广"电子保单"业务，提高供应链资金运作效率，缓解中小企业融资难问题，降低供应链整体的管理成本，改善上下游企业资金流和财务状况，实现产业链企业协作共赢。

6. 搭建合同签约"三比"通报体系

以比效率、比协同、比质量的"三比"线上监督能力建设为抓手，强化协同，将时效、规范等要求自觉融入工作，促进形成"效率提升，质量保证，促进规范"的良好导向。将单项评价和综合评价相结合进行专项通报，聚焦重点专项突破，全面客观反映各单位签约工作实际水平，以通报"排名"突出导向、揭示短板，引导改进提升。各单位通过整体比与自己比相结合，既在系统"排名"中见贤思齐，又通过各单位"画像"按月份维度横向查看本单位的签约水平变化。在全网营造比学赶超的专业管理氛围，引导形成全网范围内促进工作、改进提升的良性循环，提升全网物资采购合同管理水平，促进提质增效。

7. 部署灵活的协议库存匹配供应方式

本着"保障供应、规范采购、降低成本、提高效率"的原则，国家电网公司对于标准化程度高、通用性强、使用频繁的物资，创新应用协议库存匹配供应方式。物资部门与项目管理部门协同联动提前预测确定物资种类、规格品类、需求总量等关键信息，通过招标采购并签订合同，明确供应商、协议期限、价格、数量等合同信息。以公平公正、执行均衡为原则，固化系统匹配逻辑，待具体物资需求发生后，按照协议匹配供应商，一键生成匹配结果，有效缩短物资供应周期。

（二）创新技术手段

1. 实行合同业务"云办理"

顺应数字经济发展趋势，深挖绿色现代数智供应链价值创造，创新推出一系列的云端服务，实现合同管理全链业务"云办理"，对内提升合同管理质效，对外切实维护供应商利益，助力优化营商环境。

（1）物资合同"云签约"。统一ECP为签约平台，贯通合同管理相关数字化系统，运用数智化、电子化技术，构建采购中标结果自动回传、合同文本智能起草、合同双方在线签章的签订模式。创新运用机器人流程自动化（Robotic Process Automation，RPA）打造合同签约流程机器人，助力中标结果向合同的一键转化和合同的在线流转签约。

（2）物资到货"云履约"。打造在线履约平台，全面融合物资技术确认、生产运输、货物交接等业务及信息交互，对内服务于各层级物资管理部门及项目单位，对外服务于供应商、设计单位、监造单位等业务参与方，实现合同履约业务一平台通办。纵深推进电力物流服务平台（Electrical Logistics Platform，ELP）应用，实现供需双方对物流全程可视化及物流资源数据信息共享，提高供需协同效率。推广应用"移动＋PC"电子签章，项目单位、供应商、物资供应管理单位多方通过移动App或内外网计算机等方式在线确认并签署货物交接单，改变传统的现场审核、人工办理业务模式，实现结算单据全程线上化、可视化办理。

（3）物资合同"云结算"。借助电子签章技术、平台组件化设计，在前端供应履约环节，通过结算单据电子化、结算方式多元化，自动采集结构化到货信息，结合发票智能验审推广应用，加强与后端财务环节的协同，系统实时监测发票作业时间节点数据，自动计算款项的到期付款日期，支撑财务资金日排程精准高效开展，运用机器人自动收验发票，结算流程按规则自动发起，付款金额按条款自动计算，实现结算全流程线上化、智能化办理。

（4）网上客服"云服务"。构建全流程物资业务智慧"知识库"，收集供应商物资合同管理全流程业务问题，针对问题解答形成应答文本，整理、分类及规范化后存储到智慧"知识库"中。以网上服务大厅为统一供应商服务平台，通过网上服务大厅、移动App、现场智能客服机器人等载体打造网上智能客服体系，为内部人员及供应商提供全天候数据共享及业务咨询服务。

2. 强化实物ID"身份码"运用

落实设备全寿命周期管控要求，在采购合同设备生产履约过程中进行电网实物资产统一身份编码（简称实物ID）赋码，将之作为唯一"身份码"贯穿于设备管理全寿命周期，融合汇聚各业务平台数据信息，实现关键业务场景协同交互，推动合同管理网络化智能化升级。

（1）贯通供应链业务数据。充分发挥实物 ID 数据纽带效用，构建"一码贯通，双流驱动"的标准体系，"一码"贯通各业务环节数据，"业务流"和"实物流"双流横纵双向驱动业务开展，推进全链业务和数据的全面融合贯通。

（2）跟踪合同履约全过程。在合同设备生产履约过程实施实物"ID"赋码，通过微应用设计，在货物验收环节及时查看供应商设备物资技术参数维护情况，依托"e物资"移动终端，开展运输任务的发起、物流运输全程可视化、物资移动收货等应用，提升合同物资验收质量及效能。

（3）汇聚全寿命周期数据。将原材料和组部件信息、试验报告、检测数据与实物 ID 关联汇聚，通过实物 ID 与业务编码的多向索引映射关系，形成设备全寿命周期质量及成本数据，实现供应链全环节跨专业、跨系统业务和数据互通共享，为设备采购、合同履约、质量全周期管理提供决策支撑，赋能供应链数智化转型升级。

3. 构建绿色数智物流体系

全面贯彻国家现代物流发展战略，以绿色现代数智供应链建设为统领，以 ELP 为依托，深化推进绿色现代数智物流体系建设，加强物资合同履约配送全程精准跟踪管控，提升物资供应保障力。通过拓展接入供应商生产及物流关键位置坐标及数据，构建全量电网物资物流配送网络图，打通链上物资、物流数据，实时汇聚共享内外部资源，区分基建、运维及零星等项目供应及物资品类特点，应用差异化供应策略，精准满足供应需要。全面监控"厂到站"一程物流过程，全面支撑"库到站、库到仓"二程集中配送，依托冲撞记录仪、位移记录仪、视频监控等物联网传感装置，实现合同物资运输全程实时可视化监控，提升物资运输过程风险防控能力，服务支撑供应链整体运营"提效率、增效益、促效能"。

4. 打造业务流程"数字员工"

持续以创新提质效，打造合同管理领域"智能员工队伍"。不断引入以机器人流程自动化（RPA）为代表的 AI 产品，提高合同管理业务数字化、自动化、智能化管理水平，统一规划、设计、建设合同管理全业务"数字员工"机器人集群，内置结构化处理要点及信息处理规则，实现业务全流程在线管控及关键节点自动处理，解决业务层面数据分散、操作无连贯性等问题。在替代人员繁琐的流程性业务劳动的同时，突出关键环节预警、动态人机交互等实用化功能，结合微信服务号、供应商服务平台等多种渠道实现智能客服答疑，打造覆盖业务、监控、服务，统一数字化的合同管理模式。

5. 部署风险监控"安全卫士"

强化合规管控能力，建设合同管理全维度监控预警体系，打造合同管理风险监控"安全卫士"。加强云计算、大数据等数字新技术与供应链的深度融合，从合同管理关键节点、重点流程阶段、全局资源三种视角出发，构建"点+线+面"式全维度风险监控模型，设定合同管理全过程关键环节监控预警规则，快速识别异常状态及风险问题，实现风险在线感知，异常合同自动识别，风险等级自动判断，以短信、联系单、预警单、督办单等方式开展预警，形成"事前预警、事中控制、事后评价"闭环管控机制，做到关键节点事前提示、核心业务全面监控、重大风险实时预警，资源瓶颈提前预防、违规行为及时纠偏、问题事件闭环处理，确保风险"可控、能控、在控"。

四、管理成效

国家电网公司基于供应链思维开展合同管理工作，不断优化管理理念、创新管理手段，应用前沿数字技术，构建网络化运营体系，营造产业链供应链和谐生态，推动"业务数据化"向"数据业务化"转型，供应链合同管理取得积极成效。

（一）扛牢责任，保障大电网建设运营

随着经济社会的快速发展，我国电网建设进入了高速发展期，电网投资快速增长。"十一五"以来，国家电网公司每年工程建设投资金额高达 4000 多亿元，工程项目覆盖 26 个省（自治区、直辖市）。为克服工程项目广、物资种类多等困难，充分发挥体制机制优势，坚持绿色现代数智供应链建设，通过数智创新驱动，充分发挥资源统筹协调能力，确保产供需各方高质量协同运作，保证了特高压、智能电网等重大创新工程设备研发和供货的需要，保证了电网大规模建设的物资供应。同时，统筹调配全量实物资源和合同资源，提升了对突发需求的快速响应能力，为抗台抢险、抗洪救灾、重要活动电力保障提供了及时充足的物资供应，物资供应保障率达到"100%"。

（二）数智引领，促进管理质效全面提升

围绕绿色现代数智供应链提质增效目标，建立优化提质增效指标体系，应用人工智能、大数据等新技术新业务，加速推动全链业务的数智化建设，对合同签订、履约、结算等关键业务进行优化和整合，关键信息全流程贯通，实现了管理质量的大幅提升。应用合同电子签约技术，搭建在线履约平台，推进结算单据电子化，合同签约周期由平均 25 天缩短为 12 天，合同履约问题协调周期平均缩短 20%，结算办理时长由 33 天缩短为 3.5 天，通过"让数据多跑路，让人少跑腿"，大幅降低了人力和物力成本。

10年来，电网物资累计电子签约金额逾20000亿元，每年每个省公司平均可节省纸张约132万张，减少碳排放4388t，全面实现降本、提效、绿色、降碳的预期管理目标。

（三）体系保障，提升全链风险防控能力

多年以来，国家电网公司始终坚持以问题为导向，不断总结梳理实际工作中碰到各类问题，持续迭代升级风险防控机制，构建了一套风险防控线上化、流程监管平台化、感知视角链路化的业务合规运营体系。在供应链合同领域，持续开展合同管理制度体系动态建设，出台管理制度、合同范本、规程标准和操作手册共计148项。将合规要求以"数字探针"的方式嵌入业务流程，固化制度要求为标准流程，梳理数字探针11项，有力保障了签约履约业务的规范高效开展，牢筑了风险防控基础，实现了合同应签尽签、货款应付尽付、保证金应退尽退和违约索赔"全闭环"等业务管控目标，确保签约"零误差"、结算"零拖欠"及各类风险的可控、能控、在控，提升了全链风险防控能力，为国家电网公司及供应链上下游企业高质量发展奠定坚实的基础。

（四）多措并举，增强供应链安全和韧性

增强供应链安全和韧性、提升供应链现代化水平，是推动公司和电网高质量发展的有力保障。面对电网建设项目点多面广、物资交付集中、工期进度要求高和复杂多变的市场形势，国家电网公司多管齐下，全面增强了供应链安全和韧性。

（1）合理应用供应链导期，通过电工装备智慧物联平台（Electrical Equipment Intelligent IoT Platform，EIP）实时掌握供应商产能及订单资源，统一排产，确保工程建设与物资采购供应精准联动衔接。

（2）依托ELP，发挥国家电网公司与社会专业物流集团战略合作优势，促进物流循环畅通，保证关键时刻"买得到，调得出，送得到"。

（3）采用协议库存的合同模式，有利应对配网建设物资需求地域广、频次高、需求急的特点，有效满足各类物资需求。

（4）建立大宗材料市场波动分析模型，价格联动由月联动改为周联动，有效应对原材料价格波动导致的供应风险。

（5）聚焦关键设备，联合供应商研发设计、改善制造工艺水平，突破电力设备关键组部件的"卡脖子"现象，供应链安全水平得以不断提升。

（五）彰显担当，构建产业链供应链和谐新生态

国家电网公司利用绿色现代数智供应链提高服务能力，线上"云"服务广泛应用，

实现了供应商业务办理"一次不用跑"，使得供需双方成本大幅降低，仅 2022 一年为供应商节省经营成本约 30 亿元。聚焦解决"融资难、融资贵"问题，积极开展供应链金融服务，开发信贷、保险等金融产品，推行供应链应收账款、订单融资服务，减轻广大中小微企业资金压力，促进供应链多方共赢。自 2020 年开展投标保证金和履约保证金保险替代业务以来，已累计释放供应商流动资金 1163 亿元，助力供应链上下游企业将资金更好地用于"再投资、再发展"。为通过优化合同条款，建立科学、合理的合同评价机制，正向引导供应商提升产品质量，推动供应商产品质量的升级，提升企业的整体竞争力，促进供应商的良性竞争，实现产业链供应链生态圈和谐健康发展。

第二章

合同签订管理

在市场经济活动中，企业对外的商务交易主要是以订立各种商务合同的方式实现公司经营管理的预期和目的，而企业间订立合同的形式主要是以合同的签订确立合同文本符合各方的要求。合同签订管理作为合同管理工作的重要组成部分，为确保依法合规、保护各方利益、防范企业经营风险等发挥着极其重要的作用。在绿色现代数智供应链下的合同管理，对合同签订管理工作提出了更高的要求，国家电网公司以法律法规为统领，以维护各方利益为要求，结合自身央企特征属性，积极推进在合同签订管理工作中的业务创新实践。

第一节　合同范本管理

合同范本是根据《民法典》及相关法律法规规定，针对特定行业或领域，由有关行业主管部门制定发布，或由企业根据法律法规在基于国家规定的合同范本基础上，结合企业实际编制的范本。开展合同范本管理，对于规范合同签约履约行为，维护各方当事人权益，矫正不公平格式条款具有重要意义。国家电网公司从合同全过程管理角度出发，从源头加强合同范本管理，推动合同文本标准化、规范化管理和数字化、智能化应用。

一、范本体例管理

（一）法规范本体例

一般来说，企业采购合同往往为非要式合同。虽然法律对企业采购合同内容的表现形式未加以干涉，但在实践中，一些特定的采购项目、买受人的采购合同内容，仍要遵守相关规范性文件的要求。例如工程项目领域，依法必须招标的与工程建设有关的设备、材料等物资采购合同要执行《关于印发〈标准设备采购招标文件〉等五个标准招标文件的通知》（发改法规〔2017〕1606号）（简称《通知》）文件规定。《通知》要求，《标准文件》❶中的"通用合同条款"，应当不加修改地引用，但同时也指出，招标人可根据招标项目的具体特点和实际需要，在"专用合同条款"中对《标准文件》中的"通用合同条款"进行补充、细化和修改，但不得违反法律、行政法规的强制性规定及平等、自愿、公平和诚实信用原则，否则相关内容无效。

---

❶《标准文件》是《通知》中对《标准设备采购招标文件》《标准材料采购招标文件》《标准勘察招标文件》《标准设计招标文件》《标准监理招标文件》的统一简称。

《通知》中《标准设备采购招标文件（2017 年版）》和《标准材料采购招标文件（2017 年版）》两个文件的第四章，明确提出了依法必须招标项目的设备和材料采购合同的条款及格式。标准设备采购招标文件的合同条款及格式见表 2-1。

表 2-1　　　　　　　　　　　　标准设备采购合同条款及格式

编号	条款名称	编号	条款名称
第一节　通用合同条款		第一节　通用合同条款	
1	一般约定	6	开箱检验、安装、调试、考核、验收
1.1	词语定义	6.1	开箱检验
1.2	语言文字	6.2	安装、调试
1.3	合同文件的优先顺序	6.3	考核
1.4	合同生效和变更	6.4	验收
1.5	联络	7	技术服务
1.6	联合体	8	质量保证期
1.7	转让	9	质保期服务
2	合同范围	10	履约保证金
3	合同价格与支付	11	保证
3.1	合同价格	12	知识产权
3.2	合同价款的支付	13	保密
3.3	买方扣款的权利	14	违约责任
4	监造及交货前检验	15	合同的解除
4.1	监造❶	16	不可抗力
4.2	交货前检验	17	争议的解决
5	包装、标记、运输和交付	第二节　专用合同条款	
5.1	包装	合同附件格式	
5.2	标记	附件 1	合同协议书
5.3	运输	附件 2	履约保证金格式（以银行出具的保函为例）
5.4	交付		

---

❶ 监造是指监造单位依据设备采购合同、监造服务合同等，对设备生产制造过程关键点监督见证。其中 220～750kV 的变压器、电抗器、组合电器，500kV 及以上罐式断路器采用驻厂监造的方式开展工作，其他电压等级设备可以采取关键点或出厂试验抽查见证方式。

依法必须招标的工程建设项目，标准设备和标准材料采购合同法规范本的体例可以总结为"多篇并立"（详见二维码）。该类合同条款是由通用合同条款、专用合同条款和合同附件三部分组成，并根据工程建设项目的特点，在附件 1《合同协议书》中明确指出，中标通知书、投标函、商务和技术偏差表、通用合同条款、专用合同条款、供货要求、分项报价表等多个文件一起构成合同文件，且"上述合同文件互相补充和解释，如果合同文件之间存在矛盾或不一致之处，以上述文件的排列顺序在先者为准。"

延伸阅读

"多篇并立"与"一篇到底"合同体例的对比

（二）国家电网公司物资采购合同范本体例

电网能源基础设施建设项目属于依法必须招标的项目范畴，基于此，国家电网公司的物资采购合同范本执行发改法规〔2017〕1606 号文件规定，也采取"多篇并立"体例，但根据国家电网公司业务特点，对体例进行适度修改，即合同由合同协议书、通用合同条款、专用合同条款、附件四部分组成，部分合同还有"专用的专用条款"。

与标准文件的合同正文条款范本体例相比，国家电网公司的物资采购合同正文条款范本进行如下修订：①合同协议书基于标准文件的附件 1 进行适度修改，并成为国家电网公司合同范本的第一部分；②第二部分通用合同条款严格遵照"发改法规〔2017〕1606 号"文件规定，不加修改地引用；③第三部分专用合同条款和第四部分合同附件根据企业实际需要和标的物特点，对通用合同条款既有内容进行修订、完善，增加了转让和分包、中止履行、合同变更、税费及通知等条款和业务所需的相关附件。国家电网公司设备类物资采购合同体例及专用合同条款见表 2-2。

表 2-2　　　国家电网公司设备类物资采购合同体例及专用合同条款

编号	条款名称	编号	条款名称
第一部分　合同协议书			
第二部分　通用合同条款			
第三部分　专用合同条款			
1	一般约定	1.6	联合体
1.1	词语定义	1.7	转让
1.2	语言文字	2	合同范围
1.3	合同文件的优先顺序	3	合同价格与支付
1.4	合同生效及变更	3.1	合同价格
1.5	联络	3.2	合同价款的支付

续表

编号	条款名称	编号	条款名称
3.3	买方扣款的权利	10	履约保证金
4	监造及交货前检验	11	保证
4.1	监造	12	知识产权
4.2	交货前检验	13	保密
5	包装、标记、运输和交付	14	违约责任
5.1	包装	15	合同的解除
5.2	标记	16	不可抗力
5.3	运输	17	争议的解决
5.4	交付	18	转让和分包
6	开箱检验、安装、调试、考核、验收	19	合同的中止履行
6.1	开箱检验	20	合同的变更
6.2	安装、调试	21	税费
6.3	考核	22	通知
6.4	验收	第四部分 合同附件	
7	技术服务	附件1	履约款保函格式（以银行出具的保函为例）
8	质量保证期	附件2	结清款保函格式（以银行出具的保函为例）
9	质保期服务	附件3	抽检结果分级表

二、条款分类

国家电网公司物资采购合同以是否通用、是否需要维护、是否满足个性化要求为维度，对合同条款进行标准化分类，统一归类为通用标准条款、通用可变条款、个性化条款三类。

通用标准条款即普适性条款，不同采购方式、不同采购组织方式、不同物资类型，无需修改全部适用的条款，如"一般约定""不可抗力""争议解决"等条款。

通用可变条款，即某一条款仅留白内容需要根据不同采购方式、采购组织方式、物资类型、不同合同金额等维度做相应调整，其他表述均相同，如合同标的物清单、合同金额、支付节点、支付比例、交货期、交付地点、质保期、违约金比例或金额等。

个性化条款，是上述两种类型之外的条款的总称，即某一条款，只适用于某一类型物资、某一采购组织方式、某一采购方式，需要特殊维护合同条款，如某类物资的监造条款、抽检条款、包装、运输、安装调试等条款。

三、范本应用

（一）范本常态管理机制

合同范本确立、修订是合同范本管理中最为核心的工作。合同范本修订或确立应遵循依法合规、平等互利等原则，形成"先征集、后评审、再发布"的常态管理工作机制。国家电网公司的合同范本由其法律部门牵头组织，需经过意见征集阶段、评审阶段后方能完成正式发布。

征集阶段，由专业部门负责意见征集、汇总，各省公司及直属单位负责本职权范围内合同范本修订或确立意见征集和上报。

评审阶段，专业部门组织开展意见专业评审后转交法律部门，法律部门从合法合规角度进行审核，并形成采纳意见。

发布阶段，由法律部门在数字化法治企业建设平台内发布。合同范本确立后，各专业部门可将合同范本部署至相应专业系统中。

合同范本确立、修订业务流程见图2－1。

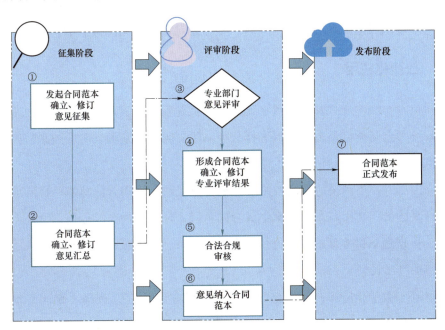

图2－1　合同范本确立、修订业务流程图

（二）范本制定与选用规则

1. 范本制定规则

合同范本制定应遵循合规和效率优先原则。

（1）合规原则。合同范本格式要件和条款内容若有国家、行业强制性规定的，首先应遵循国家、行业的强制性规定；无强制性规定但有推荐性合同范本的，应以推荐性合同范本为基础。

（2）效率优先原则。标的内容涉及本企业主责主业的合同范本，尽量依法依规制定本企业的标准范本，避免外部非标文本。标的内容为非本企业主责主业的合同范本和社会公共服务类合同，可将国家和行业的推荐标准文本作为企业范本，也可依据行业标准文本制定本企业标准范本。

2. 合同范本选用规则

国家电网公司在采购活动中选用合同范本，应主要遵循匹配适用和最新版本原则。

（1）匹配适用原则。国家电网公司物资采购合同分别按合同标的、采购方式、采购组织方式制定了不同的合同范本，选择时应综合兼顾各维度，精准选择适用的合同范本。

（2）最新版本原则。合同范本会根据业务实际需求升级、合规管理要求、上位法律法规更新等综合因素影响而动态更新。合同范本更新时，一般会规定新范本启用日期、旧范本退出日期。选用合同范本时，要注意选用已启用的最新版本。

四、数智化应用

合同范本一经确立并发布到数字化法治企业建设平台后，同步部署到 ECP 中。部署时，系统对合同类型及合同条款进行分类，建立属性标签形成对应关系，推动合同范本信息化管理应用。

实际应用中，招标采购部门按照实际分标分包物资选用合同范本，合同承办部门根据招标采购部门选用范本，一键生成合同草稿，开展合同在线审核，确认无误后由 ECP 自动推送通知供应商确认合同信息，经双方各自会签流程（如有）确认后进入合同电子签约环节。

合同范本数智化应用，助力合同实现"随需随调随用"，提高了合同文本编制的精度、准度和速度。

第二节 电子签约管理

电子签约是指线上完成合同签订的一种方式，借助数字签名、信息加密等技术直接在电子文档上加盖签名或印章签署。完成电子化的签字盖章后，带有电子签名的合同文件回传至签署参与方，以供归档、查询、核对、履约等。国家电网公司通过集成 ECP、ERP、数字化法治企业建设平台等系统功能，实现了合同起草、审核、会签、生效、归档等全程线上操作，以电子签约提升签约效率、推动绿色低碳环保。

一、实施背景

（一）国家政策规定

随着单据电子化技术逐步成熟，合同电子签约逐步具备硬件基础。2005 年 4 月 1 日起施行的《中华人民共和国电子签名法》（以下简称《电子签名法》），为电子签约的有效性提供法律支撑。该法也成为推动电子签约和电子合同、数字合同快速发展的核心驱动力（详见二维码）。该法第十四条首次明确规定："可靠的电子签名与手写签名或者盖章具有同等的法律效力。"目前数字合同仍在探索实践的过程中，未来随着相关技术的成熟，数字合同将成为企业间合同签订的主流。

延伸阅读
电子合同与
数字合同

多年来，国务院及多个政府部门陆续颁布的关于电子印章、电子签约、电子合同的多项通知、规定、指导意见等文件（详见二维码），既规范管理了电子签约的发展，又为推广应用电子签约释放了正面利好的信号。2020 年 7 月，国家发展改革委等 13 个部门发布的《关于支持新业态新模式健康发展激活消费市场带动扩大就业的意见》（发改高技〔2020〕1157 号）中提出，要推动完善电子合同、电子发票、电子印章、电子签名、电子认证等数字应用的基础设施。电子签约业务的政策红利持续显现。

延伸阅读
关于电子签约的
相关政策与背景

（二）国家电网公司管理规定

国家电网公司顺应数字经济发展趋势，全力提升经营业务数字化转型升级，结合提质增效相关要求，根据电子合同试点工作部署，推广实施电子合同并鼓励优先使用，于 2020 年 5 月在 ECP 中正式启动了电子合同与电子签章业务，同时在《合同管理办法》《物资采购合同承办管理办法》中明确了电子签约工作的管理制度及要求（详见二维码），快速、规范地推动了电子签约业务在国家电网公司系统的推广。

延伸阅读
国家电网公司关于
电子签约的规定

二、业务实践

（一）电子签约的优势

过程繁琐、合同双方人工成本占用过高一直是线下签约业务的痛点。传统的纸质合同在合同签署的过程中，需要合同双方进行签字、盖章，如涉及企业法人则还需要经过企业法人内部的审批、用印流程，由一方先行签字、盖章后交由另一方。

国家电网公司有着超大规模的采购体量，年均采购合同份数超百万份。以往合同签订多采用书面方式，线下面签效率较低，供应商服务中心的资源占用多，合同签约耗时长，也给往返奔波的供应商带来了较高的时间和经济成本。虽然可以通过优化合同签订业务流程，采用提前预约、分批签订等分流策略等更加精细化的管理来提高线下面签合同的效率，但是无法从根本上降低供应商往返奔波的时间成本和经济成本。

随着数字化、信息化的发展，电子签约技术逐步成熟，加快推进电子签约取代线下签约已成为必然的选择。电子签约相较于线下签约，不仅有着高效便捷、安全可靠等优势，而且在合同签署的每一个过程环节都可以进行追溯，进一步保障了合同签订管理工作的合法性和完整性。

（二）电子签约的业务特点

电子签约与纸质合同签约相比，具有以下特点：

（1）电子签约合同订立的环境发生在虚拟空间。由于电子签约的订立发生在虚拟空间中，交易双方一般互不见面，甚至不能确定交易相对人，其身份仅依靠密码的辨认或认证机构的认证。

（2）电子签约使得合同的形式发生了变化。电子合同所载信息是数据电文，不存在原件与复印件的区别，无法用传统的方式进行签名和盖章。

（3）电子签约使部分权利义务的重要性凸显。在电子签约的合同中，既存在由合同内容所决定的实体权利义务关系，又存在由特殊合同形式产生的形式上的权利义务关系，如数字签名法律关系。在实体权利义务法律关系中，某些在传统合同中不很重视的权利义务在电子合同中显得十分重要，如信息披露、保护隐私权等义务。

（三）电子签约的探索与实践

国家电网公司积极开展合同电子签约技术的研究与应用，综合考虑了技术可靠性、操作便捷性等因素，通过引入移动互联、图像处理等技术，利用 ECP、ERP、数字化法治企业建设平台等多系统平台实现了合同签约的全程电子化。同时，通过成熟的订单、实物 ID 赋值联动供应链上下游，完成了以动态结构化数据为基础的供应链"四流合一"标准体系的搭建，并同步构建了合同线上签订全流程云平台管控机制。

以物资采购合同签订业务为例，合同电子签约业务流程见图 2–2。

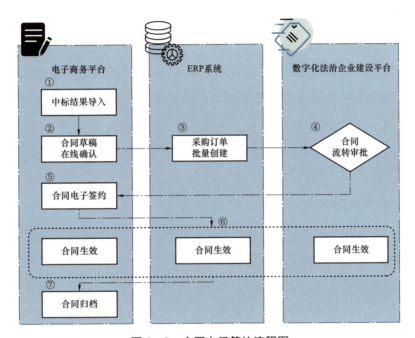

图 2–2　合同电子签约流程图

（1）合同起草与供应商确认。中标结果下达后，中标（采购）结果回传至 ECP 合同签约模块，合同承办部门在线起草合同，系统自动获取统一合同文本信息及结构化签约数据，自动生成合同文本，合同承办部门审核合同草稿，确保合同信息符合招投标文件等中标结果要求。合同草稿审核通过后提交供应商确认，ECP 自动发送短信，通知供应商在线办理，供应商检查合同信息无误后进行确认。

（2）采购订单批量创建。合同确认审批后，ECP 将合同双方名称、合同号、签订日期和地点、分标分包号、物料编码、数量、价格、支付比例等合同结构化信息传递至 ERP，合同承办部门批量生成采购订单并由需求方审批。

（3）合同流转审批。合同由国家电网公司内部各业务部门在数字化法治企业建设平台审核完成，在数字化法治企业建设平台流转会签，生成合同编号并回传至 ERP 及 ECP。

（4）合同生效。合同双方在 ECP 进行电子签章。合同电子签署完成后，合同承办部门根据数字化法治企业建设平台与 ERP 回传信息，在 ECP 与数字化法治企业建设平台进行合同生效操作。

（5）合同归档。需求方按照合同签订主体差异，分别负责本单位签订的物资合同文本等相关文件材料的收集、整理和及时归档。合同资料的归集应符合档案管理相关规定，以电子形式归档的，电子档案归集文件形式、时间等应符合电子档案管理要求。

（四）电子签约应用成效

相对于传统纸质合同签约模式的签约效率低、供应商服务中心的资源占用高及供应商的经营成本和时间成本高等业务痛点，电子签约业务大幅缩短了合同的签订时间，显著提高了合同储存调阅效率，有效降低了供应商签约成本，切实助力优化营商环境。以某省公司电子合同签约为例，该公司年均合同签订量近 7 万份，累计合同金额约 400 亿元。

传统纸质合同签约模式下，供应商需到国家电网公司供应商服务中心窗口签订合同，办理窗口取号叫号，窗口业务人员下载打印纸质合同，内部流转，申请用印，对号签约，在高峰时段供应商还需排队等候。

电子合同签约模式下，依托 ECP、ERP、数字化法治企业建设平台，实现合同远程异地线上签署，合同承办部门、专业部门、供应商等相关各方均可在线完成签约，业务流和信息流无缝衔接，合同签订的效率和准确率大幅提高。

以某省公司为例，某年电子签约与纸质签约成效对比见表 2-3。

表 2-3　　　　　某省公司某年电子签约与纸质签约成效对比

序号	对比事项	传统纸质合同签约	电子合同签约
1	签订时间	2~3 天	2~3min
2	合同签约周期	平均约 25 天	平均约 12 天
3	供应商服务中心资源	窗口 5 个，配置 8 人	窗口 1 个，配置 2 人

三、风险管控

相比传统线下签约，电子签约不仅有效提高了签约效率，缩减了各方成本，国家电网公司更是通过完善的风险防控机制，采取有效措施对合同签订不及时、会签环节滞后、合同签订主体真实性难辨等风险进行了有效管控。

（一）监控预警机制

国家电网公司设立合同超期签订预警机制，对签订业务流程中的滞后节点开展工单督办预警。

（1）电子合同超期签订预警。《中华人民共和国招投标标法》规定，招标人和投标人应在中标通知书发出之起30日之内签订合同。为保障合同按期签订，国家电网公司创新部署了合同签订及时率监控预警功能。该场景利用信息化手段，通过ECP及数据中台整合各省公司单个合同签订生效时间数据，实时监测合同签订的可靠性与及时性，主动识别企业内外部风险和异常，将合同签订及时率纳入企业负责人考核指标之一，要求各省公司合同签订人员主动作为，按期完成合同签订任务，实现闭环管控。

（2）工单督办消缺滞后环节。国家电网公司合同签订流程环节众多，每个节点都有一定的概率影响最终签订时效。为保障合同签订节点可控，规避合同流转时长滞后的风险，国家电网公司通过省侧供应链运营调控指挥中心（Enterprise Supply Chain Center，ESC）对接合同签订流程中的起草、确认、订单创建、审批流转、合同生效等关键性节点，设置业务流转时长限制，并根据滞后情况推送工单预警进行督办，提醒合同签订人员根据业务情况有效完成督办消缺。如省侧ESC识别到供应商未在5日内完成合同订单确认，当即通过系统发送督办提醒至合同签订承办人员对供应商进行有效提醒，按时消缺。

（二）签订管控机制

国家电网公司基于数字化平台，采用多级审批会签流程，确保合同文本符合管理办法并与采购结果保持一致，并通过严谨的电子密钥认证与授权流程，确保签约主体的真实性。

（1）层级审批确保合同文本与采购结果一致。为规避合同关键性内容不符合要求，基于ECP、ERP、数字化法治企业建设平台的闭环管控机制，国家电网公司合同承办部门起草合同后，需经过物资部门、财务部门、法律部门及相关业务部门多级审批会签，会签部门根据核查重点对合同关键内容进行审核，确保合同与采购结果一致并符合公司《国家电网有限公司物资采购合同承办管理办法》[国网（物资/2）124—2020]规定后，方能完成提交审批生效。

（2）密钥认证确保主体真实有效。为保障电子合同签署的真实性及有效性，国家电网公司对接电子认证服务提供机构，基于对电子签章控件的严谨集成应用，通过严格的电子密钥授权流程，合同可实现合同章、法人签名章的线上签署。在合同电子签章阶段，合同用印管理人员及供应商均需插入实物加密介质，完成登录认证后方能完成合同签署。

四、区块链合同存证技术

为探索电子签约技术的更多可能，以满足未来业务需要，国家电网公司对区块链合同签署存证技术开展了研究。通过区块链平台对接互联网法院、公证机构等第三方主体，将合同签署的关键信息加密上链，运用区块链共识机制在第三方节点进行可信存证，为电子合同签署双方提供无差别的举证服务和司法服务，保障电子合同签署的法律效力。区块链合同电子存证见图2-3。

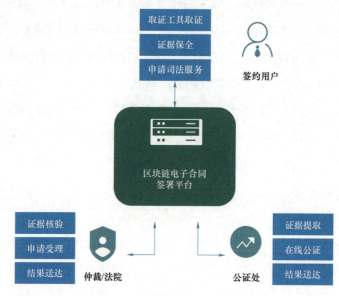

图2-3 区块链合同电子存证图

以某省公司为例，该省公司作为区块链合同签署技术应用的试点单位，通过与北京互联网法院平台建设的司法区块链、天平链等司法联盟链对接，实现权威司法节点共同鉴证，提供在线取证、自动执行、过程留痕，提供区块链存证证明、公证、鉴定等司法服务，解决了电子合同数据易改无痕、易丢失、客户对电子合同司法效力存在质疑等风险。通过与司法机关联动备案，实现电子合同的认证、存证、鉴证、取证功能于一体，有效证明电子合同的法律有效性，提高取证效率和证明能力。存证平台充分利用区块链技术去中心化，解决传统电子合同签署公信力问题，将独立部署的私有链和联盟链相结合，保障了数据安全保密性需求，有效提升了法律有效性。电子证据与司法机构同步流程见图2-4。

图2-4 电子证据与司法机构同步流程图

第三节 典 型 案 例

国家电网公司合同电子签约管理充分发挥绿色现代数智供应链链条效能，创新工作手段与业务模式，以合同管理模式、业务风险管控、协同方式等方面为实践落脚点，形成了一批在合同管理领域中的优秀管理实践，为供应链建设提供数智化支撑。

[案例2-1] 合同范本管理数智化

一、业务背景

合同范本具有合同种类多、条款数目多、文本信息量大等特点。在合同范本修订工作中，需要通过人工方式线下收集汇总不同角色岗位人员的修编意见，在不同文本中检索定位意见条款，然后对修编内容专业性开展评审和合法合规性审核，最终形成修订后的合同范本。该方式存在检索比对过程繁琐、编辑工作量大、容易出现错误及偏差等问题，影响合同文本内容质量及文本模版的正常发布。同时，目前合同范本缺少数智化管理手段，合同类别及合同条款未进行充分梳理划分，影响合同条款查询、分析与合同范本快速准确使用，难以发挥合同范本对供应链各业务环节的协同支撑作用和价值。

二、业务实践

借助数智化手段，国家电网公司开发了合同范本标准化管理辅助工具，主要从以下三个方面进行功能设计，提高合同范本修编和管理的整体效率和质量。

（1）构建合同标准文本库，通过对合同文本进行结构化处理，推动合同范本快速导入、查询、定位和分析，为合同修订意见的提出和审核提供基础。

（2）根据意见一键生成合同文本，通过辅助工具实现合同文本修编意见收集汇总、合同文本修编意见对比分析和合同文本修编意见评审、审核等功能，并实现对合同范本原有条款的自动替换，一键导出修编后合同文本。

（3）开展合同文本信息化管理应用，开展合同及条款分类管理，建立物料与合同文本的属性标签与对应关系，推动合同条款查询、分析与合同范本快速准确使用。

三、管理成效

合同范本标准化管理辅助工具，实现了从合同文本模板导入、修订意见编辑、修编意见汇总、修编意见审核、合同文本模板生成等全流程服务，提升了合同范本修订的效率与精确度，减轻了合同修订人员工作量，保证了合同范本修订整体工作质效。

同时，该工具提升了合同范本管理的数智化水平，进一步发挥了合同范本对于供应链各业务环节的协同支撑作用和价值。例如，招标采购部门编制招标采购文件时可以根据物料名称准确查询到适用的具体物资类统一合同范本，实现"随需随调随用"，提高了招标文件中合同文本编制的精度、准度和速度。

[案例2-2] 合同文本关键要素管控

一、业务背景

近年来，国家电网公司物资采购合同的签订数量和金额持续增长。合同在串联供应链全链路、防范全链经营风险方面的功能价值，显得尤为重要。从近年来内外部审计、巡视巡察、内控监督检查及日常管理等发现的问题来看，合同电子签约工作仍存在一些薄弱环节。由于涉及业务系统繁多，管理链条上各个部门独立运作，可能出现合同签订内容与前端招标采购结果、后端供应履约需求不一致的情况，存在合同签订不及时、合同条款有瑕疵等风险。

二、业务实践

某省公司针对合同签订业务中与前后端存在联系的关键环节，收集采购、供应、质监等链路需求，编制"合同签订工作质量控制表"，在签订合同前对需要重点关注的字段进行梳理、摘录，比对合同关键信息与招标文件、供货规则的一致性，通过两级审核，由合同承办人及校核人签字确认，确保合同签订管理闭环。

（1）单合同签订关键要素管控。通过按合同维度编制形成的合同签订工作质量控制表（见表 2-4），在每一份合同签订时，合同承办人对照表单内容，逐一核验合同金额、合同支付比例、合同质保期等合同关键信息的符合性、准确性，确保合同签订内容与采购要求完全一致。同时，开展采购结果、合同条款在 ECP、ERP、数字化法治企业建设平台等多系统结构化数据的一致性校验，确保数据一致。

表 2-4　　　　　　　　合同签订工作质量控制表（按合同）

批次号：2023W1											
分标名称	合同标识符	合同金额（元）	合同支付比例	合同质保期	招标文件支付比例约定	招标文件质保期	招标文件10月未验收质保	交货方式	ERP支付比例	ERP质保期	ERP交货方式
配电主站系统	CQ20230000126	1317580	1:6:2.5:0.5	24	10万元及以下的，支付比例为0:10:0:0；10万元至50万元（含本数）的，支付比例为0:9.5:0:0.5；超过50万元的，支付比例为1:6:2.5:0.5	24	30	买方指定仓库地面交货	1:6:2.5:0.5	24	买方指定仓库地面交货
测量控制装置	CQ20230000086	386713.12	0:9.5:0:0.5	24	10万元及以下的，支付比例为0:10:0:0；10万元至50万元（含本数）的，支付比例为0:9.5:0:0.5；超过50万元的，支付比例为1:6:2.5:0.5	24	30	买方指定仓库地面交货	0:9.5:0:0.5	24	买方指定仓库地面交货
校核人：							合同承办人：				

（2）全批次签订关键要素管控。通过按批次维度编制形成的合同签订工作质量控制表（见表 2-5），在每批次合同签订时，合同承办人可按照合同签订管理相关要求，逐一比对表单中的合同依据、流转计划条目数、合同数量、合同澄清、中标通知书时间、最近交货时间等需要重点关注的关键字段，及时推进合同签订，确保整个批次中的合同不漏签、不逾期。

表 2-5　　　　　　　　合同签订工作质量控制表（按批次）

批次号：2023W1		
执行项目	执行内容	备注
合同依据	齐全	根据招标文件货物清单核对中标通知书数量
流转计划条目数	121 条	根据招标文件货物清单核对系统流转条目
合同数量	96	根据表格计算，承办人员核对

续表

批次号：2023W1		
执行项目	执行内容	备注
合同澄清	无涉及合同条款澄清	
中标通知书时间	2023/2/20	
最近交货时间	2023/3/14	核对与中标通知书逻辑关系，以及与合同生效时间逻辑关系
校核人：		合同承办人：

三、管理成效

应用合同签订工作质量控制表，实现了以合同文本为载体的合同签订业务链前后端数据一致，有效提升了合同签订质效，并推动了合同模版管理数智化管控，为绿色数智供应链的稳定运行提供更优质的支撑保障。

（1）促进前端质量提升，保障后端顺利推进。通过将合同关键字段与前端采购环节的招标文件、后端履约环节的供货规则进行比对，及时发现不同链路数据差异并进行反馈、予以纠正，促进供应链全链业务准确运行。

（2）助力合同模版优化，推动信息系统升级。通过事前防范及事中控制，及时发现需优化的合同模版和系统流程，反馈至相关单位进行修正，规范合同管理专业整体运行质量。

[案例2-3]"数字员工"赋能电子签约

一、业务背景

近年来，电网工程项目建设投入连年增加，国家电网公司合同签约数量持续攀升，物资合同签约时效性要求越来越高。从日常签约工作分析来看，虽然电网物资合同已实现电子签约，但系统签约业务流仍需在 ECP、ERP、数字化法治企业建设平台系统等多系统之间反复切换，且系统间还存在一些机械性、重复性操作，这给基层工作人员带来较大的压力，工作质效有待提升。

二、业务实践

为提升电子签约质效，某省公司基于日常电网物资签约业务，打造合同签约"数字员工"，通过创新运用 RPA 流程机器人，一键实现合同起草、送审、归档下载等全流程自动操作，将合同签订中高重复性、高机械性的环节交由机器操作，提高物资合同签约效率。

"数字员工"RPA 流程机器人工作架构图见图 2-5。

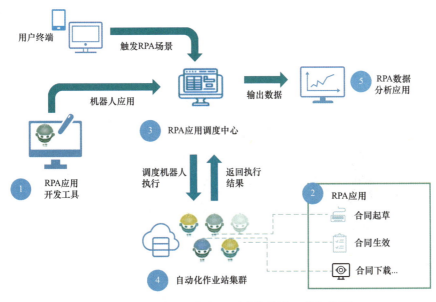

图 2-5　"数字员工"RPA 流程机器人工作架构图

依托"数字员工"RPA 流程平台，可进行界面定制开发，新增合同签订功能场景。根据已梳理的详细作业流程，对任务执行参数逐一设置。将设置成功的参数配置到具体合同签订任务中，启动流程运行，并实时跟踪查看。实现合同签订 7×24h 不间断作业，并可使用多台电脑同时工作，大幅减少人工操作步骤，将员工从单调重复的流程中解放出来，将更多精力聚焦于关键环节审核与风险防控，同时降低因人工差错导致的合同签订合法合规风险。

"数字员工"RPA 流程机器人作业流程图见图 2-6。

三、管理成效

通过"数字员工"RPA 流程机器人的融合应用，固化规则，替代人工完成机械性、重复性的操作。在释放人工的同时，有效提高了合同的签订效率，规避了合同超期的风险。

（1）提高合同签订效率。"数字员工"RPA 流程机器人实现了合同签订全流程自动化作业，其"一键执行"功能将合同管理人员从低效、繁琐、易错的低水平重复操作中解放出来，合同签订的准确性和签订效率得到高效提升。以某省公司为例，引入

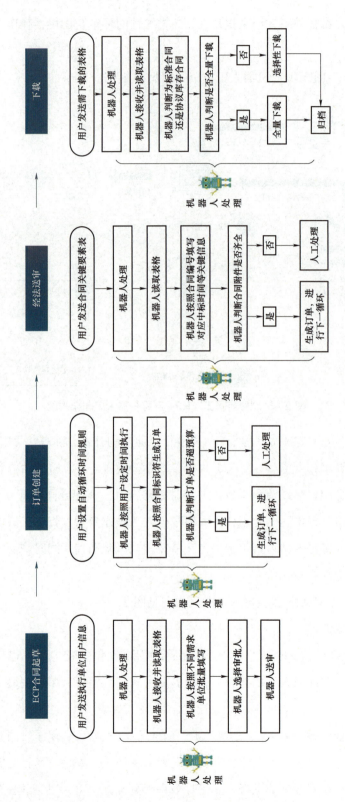

图 2-6 "数字员工" RPA 流程机器作业流程图

"数字员工"后，完成 5000 份合同签订总计节约 1200 余工时，合同签订效率提升 90% 以上。

（2）规避合同签订超期风险。将"数字员工"RPA 流程机器人技术应用于合同签订环节，在多个关键节点固化审核环节，有效保证合同签订准确性，规避合同签订超期风险，落实"在中标后/成交通知书发出之日起 30 日内完成签订"等合同管理要求，极大地提高了合同签订及时率与合同管理水平。

第三章

合同履约管理

合同履约是完成合同约定内容、达成合同订立目的的基本过程，也是现代商业交易活动的重要组成部分。合同履约管理在保证合同有效执行、规范供应商履约行为、防范供货风险、保障企业正常的生产经营秩序等方面起着至关重要的作用。国家电网公司充分利用现代信息技术手段，以保障电网重大工程建设安全稳定、提升物资"产—供—需"环节质效为目标，探索构建了一套具有自身特色、符合企业实情的供应链合同履约管理模式。

第一节　履约管理概述

合同履约管理一般是指合同生效后，为保障合同双方的权利和义务，相关业务单位对于产品到货或服务实施的协同、运营和管理，减少不必要的风险和损失。国家电网公司合同履约管理深度融入链式管理思维，通过开展计划确认、进度跟踪、货物交接、质量确认和履约评价等一系列管理活动，加强与供应链前端需求的对接、保障后端物资到货，确保合同各项内容得到有效履行，全力支撑电网工程建设。

一、管理理念

国家电网公司在绿色现代数智供应链创新与实践中，经过不断优化整合，基于供应链全域合同管理"智能化、一体化、协同化、合规化"的要求，结合公司履约特色管理实践，形成了"主动服务、提前介入、供需协同、可靠供应"的合同履约管理理念。

（1）主动服务。以全面提升物资供应保障能力，高质量服务大电网建设为目标，对内，以"需求"为主线，联合建设、施工、监理、监造等多参建方，构建纵向贯通、横向联动、高效运作的合同履约沟通网络；针对特高压等重要工程，实施开展物资供应项目制管理，委派专人常驻现场，进行全过程跟踪协调。对外，积极应用绿色现代数智供应链建设成果，持续推进业务"云办理"、服务"一站式"、支付"零延迟"等举措，优化业务流程，压缩单据办理时间，为供应商提供更加高效便捷的物资供应服务，降低其企业运营成本，使供应商将关注点从常规业务办理转移至质量提升和技术研发中，确保物资高质量及时供应。

（2）提前介入。进一步提升跨专业数据对接、业务流程协同和资源智能统筹能力，将合同履约管理工作向前延伸至计划上报环节，梳理建设—物资两个维度过程节点，提高工程建设进度与物资生产进度的适配性。前移物资管理关口，及时跟进物资招标采购进度，在合同签订环节立即进行供需对接，组织摸排供应商产能情况，提前做好履约准备工作，为物资供应争取时间裕度，为突发风险预留缓冲时间，提高供应链的韧性和安全性。

（3）供需协同。履约管理是供需双方链接的重要环节。国家电网公司突破内外数据交互壁垒，以合同为主线，打造全域采购合同管控平台，内嵌生产进度跟踪、运输实时监控、质量在线管控等业务功能，实现供需双方实时有效对接，共享合同履约数据和内外部资源，促进供需信息高效协同、物资生产精准管控。

（4）可靠供应。物资供应高效可靠是电网安全可靠运行的重要基础，对电网发展至关重要。物资供应高效可靠既是推动合同履约管理向供应链方向转型的驱动力，又是供应链合同管理发展的着力点。依托信息化平台开展物资供应计划管理、生产过程管控，运输过程跟踪，确保物资跟踪到位、信息反馈及时、问题协调高效，实现全领域、全场景电网物资优质保供能力的提升。同时，国家电网公司针对特高压等重要工程、抢险救灾及各项大型保电任务"工期紧、物资多、要货急"的特点，以工程建设需求时间为抓手，厘清各类重点物资的关键生产节点，倒排原材料备料和物资生产进度，提前锁定供应商产能，确保物资供应与工程建设精准对接。

二、管理方向

国家电网公司合同履约管理包含物资供应计划管理、物资生产与发运、物资货物交接、现场服务、合同履约评价等诸多环节。在合同履约过程中，需要物资供应管理单位、供应商、项目管理单位、设计单位、监造单位等多方交互协同。为提升供应链运营质效，确保履约工作有序开展，国家电网公司不断探索实践，使合同履约管理逐步朝管理流程化、管理标准化、管理智能化的方向不断提升。

（一）管理流程化

为规范业务操作，制定了标准化的履约管理全业务流程体系，明确了履约工作环节中各单位、部门的职责及具体工作安排。通过规范合同履约工作流程，提升物资供应保障能力，保证物资采购合同履约管理工作规范、高效地开展。

履约管理全业务流程见图 3-1。

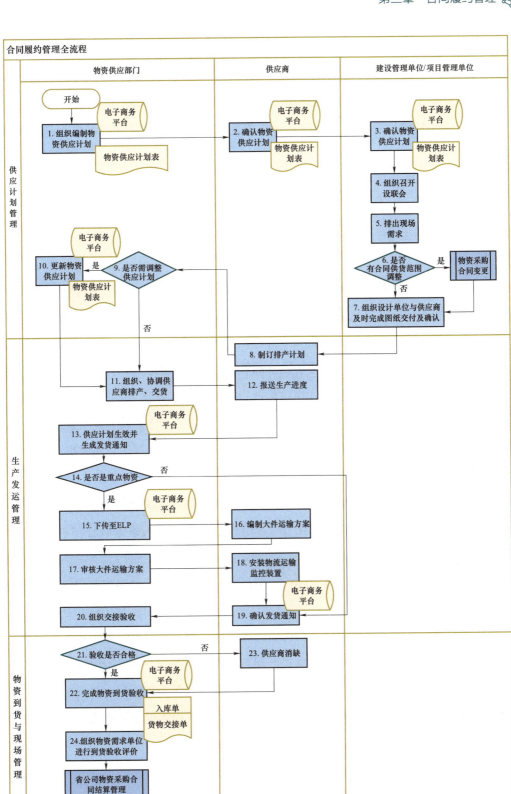

图 3-1　履约管理全业务流程图

（二）管理标准化

履约管理主要是依托 ECP 等系统，在线开展物资供应计划编制、确认、变更，以及发货通知生成、确认等信息传递工作。国家电网公司从统一合同文本、统一业务标准、统一建设标准三个方面推进履约的标准化管理，保证合同履约工作高效有序开展。

（1）标准化的合同承办管理制度。国家电网公司统一制定 138 套物资采购合同文本，确保合同文本的实用性、适用性和规范化水平，并结合合同履行情况定期修订完善。制定《国家电网有限公司物资采购合同承办管理办法》等管理制度，规范物资合同履约各环节。

（2）标准化履约业务实施。制定《国家电网有限公司采购业务实施细则》等管理制度，对合同履约、物资采购工作提出了统一的标准和要求。同时，优化完善标准规范、工作手册、范本文件等，推进实践经验向标准化成果转化。

（3）标准化建设规范。各省公司在总部管理办法要求的基础上，结合各省实际情况，以运营手册、业务操作指南、岗位作业指导书等形式建立各自的制度规范和工作流程，对合同履约管理的职责、流程、制度、标准、考核五个方面的管理要素进行固化，把业务管理要求落实到每项工作、每个环节、每个岗位，确保履约管理做实、做强。

（三）管理智能化

履约管理智能化是利用先进的信息化、智能化技术，实现物资合同履约的全流程业务的在线处理、在线预警和可视化管控。国家电网公司引入图像识别、"e物资"移动终端、掌上电脑（Personal Digital Assistant，PDA）、GPS 定位等技术，实现物物相联、信息共享，打破供应商与需求部门的信息壁垒，完成供应计划在线确认、生产进度在线追踪、实物 ID 标签赋码应用、物资运输可视监控、物资交付移动办理、履约问题在线协调；通过全流程的线上协同和跨环节信息的互联互通，实现履约跟踪业务过程可视、可查、可感、可知，有效提升履约业务的信息化、透明化和数字化水平；同时深化供应链运营调控指挥中心统计分析、监控预警等功能应用，实现由事后消缺到事前预警的转变升级，智能防范物资履约风险，有效加强供应履约的管控力度和服务质效。

三、管理手段

为提升物资供应保障能力和服务水平，强化物资供应过程管控，国家电网公司通过深化统一平台应用、强化履约协调管理、优化监控预警管控、细化物资现场管理等管理手段，积极推动合同履约管理全链条数据融合贯通，实现履约各业务环节、各业务对象的有效衔接和高效协同。

（一）深化统一平台应用

以 ECP 为抓手，实现内外部数据互通与资源共享，推动供应链需求、采购、签约，以及质量、结算等前后端业务联动，强化与供应商、设计单位、质检单位、第三方物流企业等供应链伙伴的业务协作，促进供应链全流程高效运行。

（二）强化履约协调管理

充分统筹物力资源，按照"横向到边、纵向到底、层级简化、链条清晰"的管理思路，做好地（市）公司、省公司、总部自下而上的三级履约协调工作，实现由物资部统一管理，物资公司业务支撑，专业部门和机构横向协同，总部、省、地（市）纵向联动，地（市）、县公司协同化运作，强化对物资生产发运、货物交接、供应商服务等问题的协调，提升管理效率与效果。

（三）优化监控预警管控

在履约全流程在线监控的基础上，ESC 电量监控分析、ECP 重点物资生产管控等功能应用，建立监控预警指标，实现总部、省、地（市）公司自上而下的三级监控预警，对发现的异常和问题逐级预警，及时组织有关单位进行统筹协调，确保风险可控、能控、在控。

（四）细化物资现场管理

实施开展物资供应项目制管理的项目，在工程现场设立物资供应项目部并派驻物资代表。通过"本部专业统筹＋现场项目部管理"的管理模式，不断强化物资供应现场管理，确保物资供应工作顺利开展。

四、履约模式

业务实践中，不同类型的电网工程，其工程物资履约管理要求不尽相同（详见二维码）。基于工程物资履约管理的特殊性、差异化要求，建立了直送现场和直送仓库两种物资履约模式。通过差异化精准管理，强化合同管控和仓储配送支持，持续提升物资采购供应链柔性水平，更好更快地满足电网建设多样化物资需求。

延伸阅读

电网工程的管理分类及不同工程物资的履约特点

（一）直送现场物资履约模式

直送现场物资履约模式，是指供应商按照合同约定时间将物资直接送到工程现场的一种履约方式。输变电工程物资、运维检修类物资主要采用直送现场履约模式。

直送现场物资履约模式下，供应商和物资供应管理单位需与工程项目的管理人员进行沟通协调，了解现场情况与需求，以便能够提供符合要求的物资和服务。

实际业务中，物资供应管理单位一般是以物资供应计划为抓手，对物资生产、发运、到货及交接、安装调试与现场服务协调等关键环节进行管控。物资完成生产、检测合格后直接送货至现场，实现供需两端无缝衔接。

为保障特高压工程、500kV 及以上输变电工程等重大项目物资供应工作顺利推进，在项目现场设立物资供应项目部，负责跟踪重大项目现场建设进度，加强与业主项目部及各参建单位和供应商的沟通协调，开展项目物资的生产催交催运、配送跟踪、移交验收、现场服务、履约评价等工作的具体实施。

（二）直送仓库物资履约模式

直送仓库物资履约模式，即"实物储备、按需领用"模式，是指供应商将物资发至指定仓库的一种履约方式。配（农）网工程物资、业扩工程物资等物资主要采用直送仓库履约模式。

直送仓库履约模式下，供应商将物资发至仓库后，由需求单位按需领用物资。物资供应管理单位负责办理出入库手续，并对仓库中的物资进行管理、维护和更新，确保物资的质量和数量符合要求。

延伸阅读

配(农)网物资精准供应业务

实际业务中，为进一步做好配（农）网工程物资供应相关工作，国家电网公司试点推出了配（农）网物资精准供应业务（详见二维码），实现从需求获取到供应商生产的全过程可视可控，全面提升配农网物资供应的精益化管控水平，强化物资供需双方精准对接。

第二节　履约业务管理

国家电网公司合同履约业务涵盖供应计划管理、生产发运管理、物资到货与现场管理、履约问题协调、风险管控等内容。合同履约业务管理是以全域采购合同管理平台为依托，推动物资需求确认、生产进度追踪、物资运输监控、履约单据办理等业务云办理，实现合同履约全流程的可视化、便捷化，并通过强化业务管控措施，积极协调物资交期、物资生产、物流运输、现场收货等各类履约问题，防范物资到货风险。

一、供应计划管理

物资供应计划是指根据工程/项目里程碑计划、物资现场实际需求、供应商备料生产情况，在合同交货期基础上协商确定的具体供货安排。

（一）供应计划生成

合同生效后，ECP 调用合同结构化数据自动生成初始的供应计划。每条物资供应计划由采购订单号、合同号、合同数量、合同价格、约定交货数量、约定交货期等关键要素组成。在初始的供应计划中，约定交货数量默认为合同数量，约定交货期默认为合同交货期。

（二）供应计划确认

物资供应管理单位组织需求单位、供应商等相关方对物资供应计划条目进行梳理，并协商确定交货期（详见二维码）。

项目里程碑计划与
交货期约定

交货期经物资供应管理单位、需求单位、供应商三方共同商定后，物资供应管理单位在 ECP 上编制初始供应计划，经供应商确认后形成新生效的供应计划。

（三）供应计划变更

按照合同约定，已生效的供应计划可根据实际情况，定期进行变更与调整，但为保证物资采购合同履约的严肃性与规范性，确定交货期在当月的供应计划条目，原则上应当严格执行。

对于项目工程延期或提前、现场不具备收货条件或需要提前到货等情况，由需求单位向物资供应管理单位提交交货期变更需求，经三方协商一致确认后，在 ECP 中办理变更。

对于供应商的生产进度无法满足交货要求的情况，由供应商主动提出交货期变更申请，经三方协商一致确认后，在 ECP 中办理变更。

对于重点物资（通常指 220kV 及以上电压等级的一次设备和装置性材料，主要包括变压器、电抗器、断路器、组合电器、铁塔等设备与材料），物资供应管理单位定期会同需求单位及供应商对物资供应计划进行滚动确认，变更时需要细化到台次，变更记录自动纳入合同变更管理。

（四）供应计划拆分

当同一订单下的物资需分批次交货时，由物资供应管理单位组织需求单位、供应商，共同确认交货批次、数量和时间，并在 ECP 系统进行物资供应计划拆分及信息维护。

为有效开展工程重点设备后续生产管控工作，在供应计划拆分环节，针对主变压器（简称主变）、高压并联电抗器、换流变压器、平波电抗器、六氟化硫封闭式组合电器（国际上称为气体绝缘金属封闭开关设备，Gas Insulated Switchgear，GIS）等设备，供应计划细化到台/间隔排定，对于 500kV 及以上的变压器、电抗器在供应计划制订时，同步排定大件运输工作计划。

二、生产发运管理

生产发运管理是指物资供应管理单位及时跟踪物资生产及运输情况，重点了解现场到货需求，组织做好物资生产、发货和到货衔接工作。

（一）图纸交付管理

针对需要进行图纸（技术交底❶/线缆分段需求）确认的物资合同，物资供应管理单位督促协调项目管理部门/建设管理单位，组织设计单位与供应商及时提交并完成图纸（技术交底/线缆分段需求）确认。

在图纸（技术交底/线缆分段需求）确认过程中，如需要召开设计联络会，由供需双方协商确定时间和地点，双方签署的联络会议纪要与合同具有同等效力。对于合同履约过程中发生的合同货物数量、规格参数等技术变更事项，执行合同变更审批流程。合同变更管理的相关内容见本书第五章第一节。

目前，国家电网公司正在积极推广图纸四方交互功能建设应用，供应商、设计单位在线确认图纸信息，物资、建设管理单位在线监控图纸交互进度，有效提高图纸交互效率，实现图纸确认过程痕迹可视化，精准查看图纸确认进度，提高图纸交互管理精细化程度。

（二）生产进度跟踪

国家电网公司与供应商建立信息协同机制，在物资供应计划制订后，组织供应商依据供应计划制订排产计划。物资供应管理单位根据工程进度和物资供应计划，建立合同履约跟踪电子台账，通过 ECP、EIP 等系统主动对接供应商生产系统与监造平台，

---

❶ 技术交底是指物资生产前，项目单位将有关工程施工的各项技术要求同步共享给物资供应商，以使其明确相关工程任务的特点、技术要求、施工要求等，做到心中有数，以便有效组织物资生产工作，保证电网工程建设的顺利进行。

实时交互生产备料、排产计划、制造进度、试验测试等信息，智能比对生产计划、供应计划，结合监造周报、电话询问等方式，核查关键生产节点进度偏差情况。

当存在生产进度滞后时，物资供应管理单位通过生产巡查、驻厂催交等多种专项管控方式，督促供应商加快生产进度，同时与工程参建单位开展履约协调，确保滞后物资生产完工时间、发运时间与现场需求的一致性。需求单位可根据合同约定和国家电网公司设备材料监造要求，在接到供应商函告后参加重点物资的出厂试验或关键点见证。

（三）物资发运管理

物资供应管理单位依据现场实际施工进度，组织、协调供应商根据物资供应计划，将合同物资运输至合同约定地点交付。物资发运前，组织供应商在 ECP 上确定、反馈运输信息，并将重点物资发运信息推送至 ELP。

物资供应管理单位在生成发货通知后，通知供应商在确定 ECP 发货通知时同步绑定实物 ID，并在发货前将实物 ID 标签粘贴至设备规定位置。应用实物 ID 进行物资发货管理，进一步简化了系统出库操作流程，提高了业务操作智能化水平，通过将物料种类、物料描述、需求数量、规格型号等信息与实物 ID 关联，应用于各关键业务环节信息传递，实现供应链全寿命周期电子化管理。

（四）物流运输监控

在发运前，供应商对于 110kV 及以上电压等级的变压器、电抗器、组合电器等大件物资，制订完整、详细、严密的运输工作计划。运输计划包括承运商招标计划、中标情况、拟订运输方式、踏勘计划、运输方案编制计划等内容，需明确承运商的选择时间、踏勘时间、运输方案制订时间与审查时间。

物资供应管理单位通过 ELP 完成运力信息资源统筹、运输任务规划管理。在物资发运后，通过安装于物资上的 ELP 监控终端实时采集在途设备关键运输参数，在发生运输冲击事件时及时预警、报警。物资供应管理单位根据在途物资运输状态，组织供应商做好物资在途运输管控，确保运输安全。

在途物资到货前，线上提前确认项目现场是否具备收货条件，协调接货单位做好现场收货、验收、仓储或转运的准备工作。对于物资直送现场的，物资供应管理单位提前通知需求部门和现场人员做好接货准备，并确认现场准备情况，根据 ELP 运输信息，提前通知施工单位做好站内引领准备；对于物资直送仓库的，则提前通知仓库安排外观验收和临时储存。

下面以某网省 500kV 重点工程主变运输受阻为例，介绍物资履约协调直至成功解决问题的全过程。

某网省 500kV 重点工程是 2022 年迎峰度夏重点工程,对满足某市主城东环网负荷发展需求至关重要,该工程 500kV 主变原计划 2022 年 4 月 3 日完成供应。2022 年 4 月 2 日,物资供应管理单位接收到 ELP 推送的主变运输状态异常预警,经核实,主变受沿途地区疫情防控影响,运输受阻,无法按期到货。对此,物资供应管理单位主动出击,充分发挥各项资源优势,多种解决措施同步实施,解决主变跨区域运输受阻问题。

(1)优化调整运输路线。提前组织供应商、承运商做好运输路径勘探,摸排沿途卡点防疫要求和通行政策,结合当前实际情况,优化调整运输方案,并协同建设管理单位、监理单位、运检单位及时对运输方案进行审核。同时,面对各地疫情管控政策趋紧,以及疫情爆发的不可预测性,物资供应管理单位充分认识到应急物流运输的重要性,突破经验主义惯性思维,开拓新思路,在制订大件物资运输方案的基础上,同步制订运输备份方案,双线并行保障物资顺利运输,做到"有备无患,防患于未然"。

(2)发挥属地协同能力。充分整合内部资源,综合各运输所经地通行政策,协同运输沿途属地供电公司采用"专人接力、防疫卡口点对点接车护送"的方式,打通疫区重点物资运输通道。各属地单位紧急与当地交通管理部门进行对接,提前完成车辆通行证办理和人员备案,由各属地公司安排人员全程护送至下一路段卡口。某属地公司点对点接车护送见图 3-2。

图 3-2 某属地公司"点对点"接车护送

(3)强化运输过程管控。依托 ELP,实时监控主变运输状态、运输轨迹,为主变物流运输作业提供有效支撑,发挥应急物流指挥"润滑剂"的重要作用。对运输过程中出现的异常状况或潜在危险进行预警，并将预警信息和解决方案第一时间推送至供应商、承运商，以数字化手段协助主变运输，避免出现运输事故、降低运输成本，确保项目物资及时、可靠到达现场。

经上述协调工作，该工程主变于 2022 年 4 月 1 日发运，历经 14 天，2022 年 4 月 14 日到达变电站，圆满完成物资供应保障任务，为工程建设争取了宝贵时间。主变抵达项目现场见图 3－3。

图 3－3　主变抵达项目现场

三、物资到货与现场管理

到货与现场管理是指物资供应管理单位根据发货通知和运输计划，跟踪物资发运情况，提前协调做好现场收货、交接、仓储或转运准备工作，以及依据合同条款，结合现场需求，协调供应商开展技术服务、消缺补件、设备安装调试等现场服务工作。

（一）物资交接与检验

物资交接是指供应商依据确定的交货期送货到约定地点。对于物资直送现场的，需要需求单位组织供应商、物资供应管理单位等相关单位办理货物交接手续，并负责物资交接检验后、开箱检验前的现场保管工作；对于物资直送仓库的，物资供应管理单位协调仓库办理交接手续，并由需求单位会同物资供应管理单位定期组织开展电气和机械性能保养维护。

具备开箱检验条件的物资应在交接检验的同时开箱检验，由需求单位组织施工单位（如需）、监理单位（如需）、供应商、物资供应管理单位等共同进行，按货物清单核对实物及配件数量、资料，检查物资破损情况。特型/特定设备开箱检验时，需求单位组织相关技术人员及设计人员一同到场参与货物交接检验。

在交接检验过程中，发现外包装不符合合同要求或残损，数量出现短缺的，物资供应管理单位协同供应商处理、解决并做好记录。检验结果符合合同约定的，电子签署交接检验单并办理 ERP 入库；检验结果未达到合同约定的，可拒绝收货。

针对纳入实物 ID 管理的物资，在现场收货时，验收人员通过"e 物资"移动终端逐一扫描随车单上的实物 ID 二维码标签，由物资供应管理单位、项目管理部门/建设管理单位现场检查设备归属订单、规格型号、产品说明等信息是否与系统一致，核实无误后，自动生成入库单并推送仓储管理系统，作为后续物资结算单据办理的前置条件。

（二）现场服务

物资供应管理单位依据合同，结合现场需求，协调供应商开展技术服务、消缺补件、设备安装调试等现场服务工作，并对供应商现场服务质量进行记录、评价。

需求单位根据现场进度向物资供应管理单位提出现场服务需求，明确现场服务供应商名单、进场服务时间、人数、工作内容及其他要求，由物资供应管理单位组织供应商按要求委派人员到场开展现场服务。若供应商现场服务人员不能胜任工作，需求单位有权向供应商提出重新选派人员的要求。

供应商现场服务结束后，物资供应管理单位将供应商现场服务情况在 ECP 进行记录、评价，形成线上服务台账记录。

（三）单据办理

满足合同约定的单据办理条件后，物资供应管理单位、供应商、项目管理部门/建设管理单位、运维部门可通过移动终端或电脑端在线创建电子履约单据，各类单据全流程线上流转，需求部门根据到货验收、工程投运、物资质保等情况审批并签署电子单据，办理完成后系统中留存签署成功的履约单据，并自动流转至财务部门，作为后续物资结算付款的凭证。

四、履约问题协调

合同履约问题协调是指在合同履约过程中，当供需双方出现需求不一致时，为了解决这些问题并确保合同的有效执行而开展的一系列协调工作。该工作包括与供应商的沟通和协商、问题的评估和分类、制订解决方案、跟踪和评估问题的解决情况等内容。国家电网公司合同履约问题协调贯穿履约全过程，物资供应管理单位主要开展下列各类协调工作。

（一）交货期调整问题

在物资供应计划排定后，如因图纸交付进度滞后、现场需求提前等因素导致交货期无法满足现场需求的情况，由物资供应管理单位组织需求单位、设计单位、供应商召开专题协调会议，依据图纸交互进度、现场需求计划调整、供应商排产计划调整情况，重新协商确定物资交货期。协调后供应计划确有变更的，物资供应管理单位应及时在 ECP 上对物资供应计划进行变更，并组织供应商重新确认。对于供应商产能确无法满足交货要求的协议库存物资，可通过双方友好协商的方式取消采购订单，并重新匹配协议供应商。

（二）供应商生产进度问题

提前分析物资供应的关键环节和潜在风险点，预判原材料上涨、环保督查、供应商资金链断裂、大件铁路运输车辆紧张等情况对物资保供的影响，及时化解供需矛盾。对于因原材料采购、供应商产能等原因导致的生产进度滞后问题，一般采取"电话沟通、函件催交、专题约谈、驻厂催交、生产巡查、召开专题协调会、供应商不良行为上报"等形式协调供应商加强生产管控，通过密切协同原材料供应商、合理调整物资生产工序、进一步压缩生产周期等方式，确保物资按期生产。

下面以某网省 500kV 重点工程原材料产能为例，介绍履约协调直至成功解决问题的全过程。

某网省 500kV 重点工程是国家"十四五"期间的重点工程，该工程铁塔原计划2022 年 3 月 15 日～7 月 20 日分批供应。2022 年 3 月 5 日，据物资供应管理单位跟踪了解，因上游原材料厂家产能不足，铁塔备料严重滞后，无法按期生产。为此，物资供应管理单位及时介入，采取多种措施协调解决原材料备料和物资生产问题。

（1）召开专题协调会。深入了解供应商原材料备料情况及原材料厂家产能不足原因，强调工程重要性及违约所承担的不良影响，组织供应商赴原材料厂家现场办公，在充分对接工程建设需求的前提下，统筹排定原材料的生产交付计划和后续铁塔生产计划，并将计划细化到每一基铁塔。

（2）开展驻厂催交。每日跟踪原材料生产交付计划和铁塔生产计划执行情况，并以日报、及时报等形式反馈原材料备料和铁塔生产进度，确保铁塔履约问题"早反映、早解决"。

（3）做好到货验收准备。一方面，协调供应商提前确定承运车辆，获取运输司机联系方式，采用微信位置共享、电话、拍照等方式，动态跟踪运输信息；另一方面，协同建设管理单位做好到货验收准备工作，最大程度压缩铁塔卸货与验收时间，为后续铁塔安装争取提供宝贵时间。

经上述协调工作，该工程第一批铁塔于 2022 年 3 月 13 日发运，15 日到达变电站，剩余部分铁塔于 2022 年 7 月 15 日发运，17 日到达项目现场，按期完成了物资供应保障任务。

（三）运输物流问题

对于物流运输受阻的情况，由物资供应管理单位、需求单位、供应商三方召开协调会议，协商、调整物流运输方式，修改物资运输方案，充分利用社会运力资源打通绿色通道，并同步协调供应商提前发货，预留充足的在途运输时间。

（四）收货问题

对于因项目原因无法收货的情况，物资供应管理单位统一采用工作联系函格式，说明详细情况，及时给予回复。如确实不具备收货条件的，由项目管理单位组织建设管理单位、物资供应管理单位、供应商共同开展厂内交接，并与供应商签订物资厂内交接单据，按照合同约定开展款项支付。进行厂内交接的物资，物资供应管理单位协调供应商与需求单位签署寄存协议或协调需求单位寻求场地暂存，配合完成收货。

五、风险管控

在合同履约阶段，主要存在因供应计划安排不当、物资生产与运输管控不力、物资交接与验收准备不足导致的三类合同履约风险。

（一）供应计划安排不当风险

由于交货期不合理或供应计划频繁调整，导致物资生产进度滞后，供应商无法按照确定交货期及数量供货，影响项目实施进度。

为有效防范上述风险，国家电网公司构建了"月计划、周协调、日调度"的业务运作机制，强化合同履约刚性管控。项目单位根据工程建设需要及时、准确地提出到货需求，物资供应管理单位根据项目单位到货需求，及时组织项目单位、供应商协商确定供货计划。

（二）物资生产与运输管控不力风险

由于物资供应管理单位未能严格监控物资备料与生产进度，未能有效督促供应商选择合格的设备承运商，导致设备生产、运输不及时，或运输不当造成物资设备损坏，影响正常的生产经营秩序。

国家电网公司主要采取以下措施，防范上述风险：

（1）建立物资供应台账，及时跟踪、了解供应商物资生产进度，并将项目物资需求与供应商实际生产进度情况进行对比、分析，确保供需进度匹配。

（2）对影响供货计划的事项进行书面记录并留下供应商确认痕迹，避免出现违约纠纷。

（3）物资供应管理单位主动协调处理合同履约过程中出现的问题，督促相关方尽快完成整改工作。对于不满足交货要求的供应商货物进行拒收，并组织供应商开展约谈❶。

（三）物资交接与验收准备不足风险

由于项目现场不具备接货条件，或到货物资不符合合同要求，出现数量短缺、规格参数不一致等情况，双方未能按时完成物资交接与验收工作，影响合同履约的规范执行。

国家电网公司主要采取以下措施，防范上述风险：

（1）加强采购计划需求时间提报准确性，充分考虑采购周期、物资生产发运周期、工程建设周期等客观条件。

（2）健全预警协调与风险管控机制，根据物资交接与验收准备情况，做好事前预警、事中协调、事后反馈。

（3）做好收货管理，根据合同交货期提前落实现场或仓库收货条件，确保按期收货。

（4）对因项目单位原因导致的未及时收货事件进行具体分析，在国家电网公司内部建立通报制度。

（5）健全供应商履约评价与信用约束机制，将供应商履约信息及时反馈至招标采购环节。

（6）严格按照合同约定对供应商进行违约处理。

第三节 物资供应项目制管理

物资供应项目制管理以"服务工程、保障供应"为主线，以项目部标准化建设为载体，以绿链数智场景应用为依托，以亮旗争先示范创建为抓手，全面推进电网重点

---

❶ 供应商发生违约行为后，物资供应管理单位组织相关专业部门、法律合规部门约谈供应商，对供应商违约事实进行确认并签署物资合同违约事实确认单。若供应商无正当理由未参加或不配合约谈，留存通知约谈供应商相关佐证资料后，签署物资合同违约事实确认单。

工程物资供应项目部贯标提升，全面覆盖、规范开展、高效协同工程建设、设备生产、运输交付、供应商服务等各工作环节，打造工程现场物资保供"党建＋物资管理"服务示范窗口。

一、管理模式

在总部、省公司物资部统筹管理下，采用"项目制＋专业化"管理相结合模式开展物资供应工作，实现资源统筹、规范运作、高效协同、质效提升。

（一）组织模式

实施开展物资供应项目制管理的项目，应设立现场物资供应项目部并派驻物资代表。总部直接管理的特高压工程，由国网物资公司按照现行管理模式，全面实施物资供应项目制管理；省公司管理的重点工程，可按照工程设立或区域设立物资供应项目部并派驻现场物资代表。

（二）人员配置

物资供应项目部实施项目经理负责制，按照工程规模、电压等级、线路长度、地理环境、气候环境、交通情况、民族地区等条件因素，可差异化配置物资供应计划专责、现场物资代表等角色岗位。

其中，项目副经理负责本工程物资供应的总体协调与业务管理；物资供应计划专责、现场物资代表等物资供应项目部成员负责物资供应及现场服务工作的具体实施。

二、组建项目部

国家电网公司加强物资供应项目部建设及日常管理，规范物资供应项目部工作职责、运转机制、综合管理、安全管理、办公环境、软硬件配置、现场"党建＋物资管理"等工作。

（一）项目部选址

若按照工程设立现场项目部，应与业主项目部提前沟通，在工程临建用房中为物资供应项目部预留办公室或工位；若按区域设立现场项目部，各单位根据实际情况设置区域项目部，负责所辖区域项目物资供应保障工作。

（二）办公设施配置

物资供应项目部应合理划分功能区域，按需设置办公、会商、生活等区域，并配置必要的设施设备，满足日常办公、视频会商、住宿交通等需要。

办公用房配置方面，新建换流站、变电站物资供应现场项目部按照定员配置办公室及会议室，扩建站及线路工程物资供应现场项目部按照定员配置办公室，原则上，物资供应现场项目部应与建设管理单位业主项目部同址或邻近办公。

生活用房配置方面，物资供应项目部协调建设管理单位，根据现场物资供应项目部人员数量配置宿舍。原则上，物资供应现场项目部应与建设管理单位业主项目部同址或邻近住宿。

（三）标准化建设

物资供应项目部应结合实际条件，设立户外展板、项目部铭牌等室内外宣传牌，依据现场办公室、会议室、宿舍情况，向国家电网公司提报办公设施、宣传展板、生活设施等标准化建设需求，申请所属公司依据职责分工组织实施。物资供应项目部人员在开展工作时，应按有关标准佩戴工作牌。

三、确立工作机制

为确保工程物资供应工作有序开展，物资供应项目部将各项工作纳入工作流程，开展标准化管理，形成了流程顺畅、信息直达高效的工作机制。

（一）供应计划管控机制

物资供应项目部以物资供应计划为抓手，不断加强与现场建设管理单位、施工单位、监理单位的沟通，实现施工计划的对接协同，及时动态调整供应商排产计划、物资运输计划、货物交接计划，确保重点物资精准供应，满足工程里程碑计划。

（二）通信联系人机制

物资供应项目部建立涵盖项目管理部门、建设管理单位、出资单位、设计单位、监理单位、施工单位、监造单位、供应商相关联系人及物资供应管理单位、物资供应项目部联系人的合同履约通信录，并发送相关单位。同时，要求供应商指派专职合同执行人员、ECP操作人员及生产管控人员，确保合同履约全流程、各环节沟通顺畅。

（三）例会机制

物资供应项目部根据不同供货阶段，结合合同履约实际情况组织召开日、周、月度例会，总结上期工作情况，明确本期工作任务，协调物资供应存在的问题，安排部署重点安全工作。

（1）日例会：在物资供货集中期实行，总结当日工作情况并协商处理当日工作中发现的问题。

（2）周例会：总结汇报本周物资供应情况和存在的物资供应问题，拟订下周工作计划，讨论确定具体问题的解决措施。

（3）月度协调会：通报物资供应情况并协调物资供应存在的问题，排定下月到货计划，根据情况邀请业主项目部、相关参建单位及供应商参会。

（4）专题会议：根据实际情况不定期召开专题会议，协调解决物资供应相关问题。

（四）履约问题协调机制

当发生物资供应项目部无法解决的履约问题时，物资供应项目部应立即向省公司提出协调申请，省公司无法协调解决的问题，上报国网物资调配中心。

国网物资调配中心充分发挥跨专业、跨工程的资源统筹优势，可对同期建设的交、直流特高压工程及各省公司常规电网工程之间的产能分配、供应时序、运力资源等进行统筹调度。

（五）信息报送机制

物资供应项目部定期向工程参建单位通报物资供应进展情况。在集中到货和安装调试阶段，物资供应项目部及时通报物资供应情况和现场需协调解决的问题，建立顺畅的信息通报及问题反馈机制。项目部内部通过建立工作日志等形式，成员每日通报工作开展完成情况，并及时发布、共享物资供应相关信息。

物资供应项目部采取周报形式，报送日常物资供应情况；采取日报形式，报送集中到货、安装调试等关键阶段物资相关情况；采取专报形式，报送存在较大供货风险的重点事件。

（六）履约评价机制

物资供应项目部按照"一单一评价"的原则，组织业主项目部从合同签订配合度、供货服务水平、到货及时性和合同结算 4 项指标，对供应商进行星级评价。其中，总部直管工程根据 ESC 履约评价台账和供应商合同份数开展履约评分计算，省管输变电工程根据省公司 ECP"一单一评价"数据开展履约评分计算。

四、标准化业务管理

紧密衔接电网工程建设管理，突出电网工程不同建设阶段物资供应工作重点和管理重心，实施开展物资供应标准化管理。对应工程可研、初步设计、招标采购、项目土建、安装调试、竣工投运等不同阶段，统一规范并明确工程各阶段物资供应工作内容、工作程序、管控要点、资料留存等标准化作业要求。

（一）工程可研阶段

成立工程筹备工作组，在工程可研阶段收集工程项目信息、跟踪工程项目进展。跟踪工程可研批复、立项核准情况；了解工程建设物资供应特点、难点；收集工程和主要设备、材料清册等信息，明确物资供应初步安排、策划物资供应保障工作。

（二）初步设计阶段

在工程核准后，物资供应管理单位根据工程建设规模和物资项目部设置原则，提报正式的物资供应项目部成立签报/备案，完成项目部组建。物资供应项目部成立后，需明确职责分工、细化工作界面，制定标准化业务流程，使各项业务有明确的工作标准和合理的考核指标，有效指导并规范各物资供应现场项目部的工作开展。

建立规范的物资供应项目部信息报送机制，按照"统一格式、统一编号、统一审批、统一存档"的原则，管理物资供应过程中的汇报材料、函件和单据。

（三）招标采购阶段

物资供应项目部参加需求计划和招标文件审查会，重点对交货时间、交货地点、交货方式、分包等可能影响后续履约的相关事项进行审核把关，从合同履约角度提出专业化建议。在合同签订后，物资供应项目部会同合同部门组织开展供应商重点履约事项宣贯，根据项目部人员配置完成合同履约任务分工，建立工程物资合同履约台账。

（四）项目土建阶段

开展物资合同履约准备工作，完成物资供应现场项目部建设，协调建设管理单位落实项目部现场办公用房及相关设施配置，与现场业主项目部同步建设、进驻。

物资供应项目部人员进驻现场办公后，建立工作机制，完善物资供应通信录；按照履约业务管理要求，完成物资供应计划管理、物资生产管控相关工作。

（五）安装调试阶段

及时了解现场施工进度，在设备材料交货前定期梳理物资生产情况，组织供应商有序发货并开展运输在途管控工作。参加建设管理单位组织的货物交接工作，组织供应商开展现场服务。

调试启动阶段，物资供应项目部收集工程调试计划，编制《带电调试物资供应保障方案》，督促供应商成立现场及厂内调试保障应急小组，落实备品备件、专用工具及易损件存储地，并组织召开全体供应商调试动员会。

调试期间，物资供应项目部编制调试值班表，安排专人在现场开展调试值守，跟踪调试进度、收集缺陷、检查供应商值守情况、参加现场调试日例会、协调供应商处理缺陷、填写《调试日志》，当日调试结束后，在项目部工作群中汇报当日调试进度。

调试结束后，督促供应商现场负责人主动与施工单位对接，办理工作票并进场开展消缺工作。

（六）验收与总结阶段

依据工程物资供应及实际使用情况，对业主项目部提交的结余物资清单进行核对，配合结余物资处置。

物资供应项目部按照有关规定，完成工程项目竣工物资档案文件的整理和编制。协调解决工程档案工作中存在的问题，督促有关单位及时做好工程阶段性归档资料的收集、整理及移交工作。

五、项目部安全管理

物资供应项目部是物资供应专业安全管理的基层责任主体，严格执行安全生产法律法规、安全规章制度、工程现场安全管理规定，强化安全意识及现场安全管理，保障物资供应安全。

（一）安全工作职责

通过建立工程物资供应安全管理体系，完善安全管理制度，实行物资供应项目部项目经理安全管理责任制。建立分级安全管理体系，明确各岗位安全管理职责。项目部设立安全主管，统筹项目部安全管理工作；各现场项目部设安全员，负责管辖范围内的现场项目部人员安全管理。

（二）安全培训与检查

物资供应现场项目部人员上岗前需进行安全教育学习，按要求进行培训记录登记。物资供应项目部进驻现场后，每月组织一次安全教育学习，国家电网公司不定期对物资供应项目部开展安全检查。

（三）安全风险辨识

物资供应项目部建立健全物资供应业务安全风险辨识和预控机制，定期组织开展物资供应业务风险辨识和预控措施制定，指导物资供应现场项目部结合办公、交通、食宿、防疫、治安、廉政、保密等开展专项风险辨识及预控措施制定，确保安全风险能控、可控、在控。

（四）现场安全管理

物资供应项目部在进驻现场后，须尽快适应熟悉办公生活环境，深入细致排查车况交通、户外作业、自然环境等安全风险，完成现场风险的初步辨识和预控措施制定。项目副经理应组织所有进场人员全面掌握现场风险和预控措施，现场安全交底工作应涵盖所有现场风险、预控措施，确保全体物资供应服务人员准确掌握现场风险和预控措施。

物资供应现场项目部人员纳入工程现场安全管理体系，配备标准化安全工器具。

（五）信息安全管理

物资供应项目部成员应严格落实国家电网公司有关内外网隔离、密码、屏保、移动存储介质、邮件、即时通信等信息安全管理规定，定期开展信息安全学习，定期开展信息安全自查整改。

组织建立物资供应项目部信息系统账号（ECP、ELP等）应用一本账，按照"谁的账号谁负责"原则，做到与使用人员实名一一对应。建立定期巡查机制，针对物资供应项目部人员变动，应及时对其名下的信息系统账号做冻结或删除处理，并同时更新信息系统账号一本账。

第四节　典　型　案　例

国家电网公司合同供应履约管理充分发挥链上全域数据资源优势，融入现代化管理理念与数字化方法工具，在供应链管理模式、协同方式等方面创新发力，加快推动绿色、数智理念在供应履约业务场景的落地实践，形成了检储配一体化、合同履约专业服务内外协同、供应链全寿命周期管理、重大项目物资供应统筹等一批优秀成果案例。

［案例3-1］检储配一体化

一、业务背景

仓储、质量和配送是保障物资供应工作的重要内容，现有的物资供应工作在资源统筹调配、信息共享集成、体系协同运作等方面存在诸多业务短板。

（1）供应时效缺乏全链协同强控措施。由于检测资源日益紧张、仓储与质量信息联动不及时、质量问题整改时效控制手段不足等原因，物资抽检周期较长成为制约物资响应速度提升的瓶颈环节。

（2）物资质量缺乏有效的信息化管控手段。当前质量管理普遍采用线下处理方式，较难防范人为因素带来的错误分析，物资抽检全过程无法进行可视化管控、数字化管理，极大地影响了物资质量管理工作质效的提升。

（3）业务规范缺少全面的风控监管手段。物资管理部分业务规范评判主要依靠人工判断、线下监督，缺乏完善的风险管控手段；库存信息与需求计划、供应计划未形成联动管控，存在重复采购、积压型号物资持续到货现象；双样品检测机制未覆盖全部抽检物资；取样、送样、返样等抽检业务信息仍采用线下反馈方式，作业过程监管手段落后，存在业务管控盲点。

推动电网高质量发展和持续优化营商环境的管理目标，对保障物资质量可靠、供应高效、服务优质、管理精益等能力提出了新的更高的要求。面对新形势、新要求，要按照"质量好、服务好、管理好"的目标指引，运用新措施、新方法，强化物资质量管控，促进核心业务环节协同联动，实现检、储、配一体化运作，推动物资供应体系向更高质量、更有效率的方向迈进。

二、业务实践

某省公司整合绿色现代数智供应链场景建设成果，结合高质量发展需要，从省域视角出发，开展检储配一体化运作，保障物资供应更高质、更快速、更经济、更规范，推动物资管理模式向智慧化转型，分别在资源层面、业务层面和运营层面实现以下目标：

（1）资源层面。坚持集约化原则，打造供应协同运作"标""集""异"资源布局，力求资源管理达到低成本、高效率的最佳状态。

（2）业务层面。坚持协同理念，打造"业务全链协同、过程精准管控、信息高效互动"的检储配一体化运作模式，实现供应业务运作"快""准""畅"的目标。

（3）运营层面。高度重视供应运营评价，应用新技术促进管理提升，从而形成"判""控""提"管理提升良性循环闭环管控机制。

检储配一体化运作工作目标见图3-4。

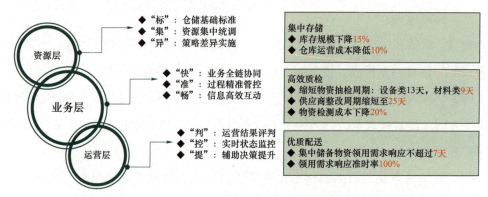

图3-4 检储配一体化运作工作目标

聚焦资源层、业务层、运营层，通过优化资源上收与统筹配置，强化专业融合与协同运作，深化集中管控与智慧运营，完善供应协同运作系统平台，打造"集约化、协同化、智慧化、信息化"为特征的检储配一体化运作体系，提升物资供应时效，保障物资入网质量。检储配一体化运作工作思路如图3-5所示。

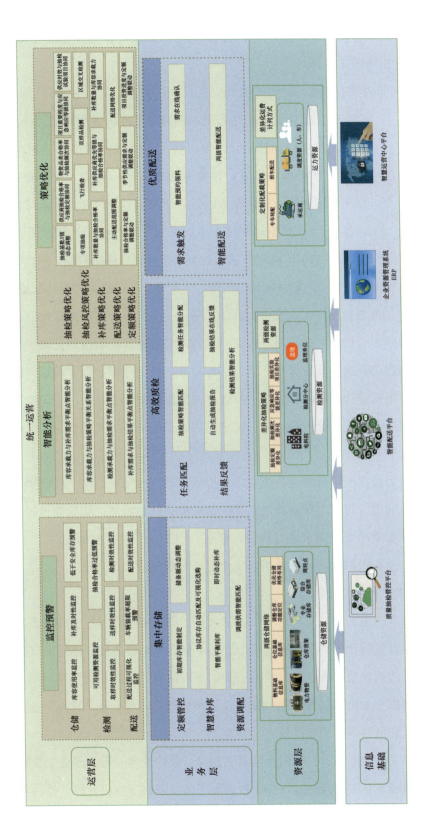

图 3-5 检储配一体化运作工作思路

为达成上述建设目标，重点开展优化资源整合配置、建立协同联动机制、智能辅助决策分析三项优化内容。

1. 优化资源整合配置

（1）优化仓储网络布局。打破市县行政区域界限，以供应链运营调控指挥中心为枢纽，构建周转库＋终端库两级仓储网络，重新定位各级仓库功能作用。充分考虑仓库坐标位置、全年物资需求量、仓库库容承载力和运距等因素，研发设计 CFLP 仓库选址模型（详见二维码）。该模型以配送成本最优为目标，以打造周转库 4～5h 配送圈为原则，分别测算出周转库/终端库选址方案，打造顶层集中存储、末端快速周转的模式，充分发挥资源整合、集中统筹的作用，提升集中存储能力和快速配送响应能力。

（2）优化两级检测资源。充分发挥 1 个省中心＋N 个分中心两级检测体系资源集中优势，调研历史检测数据和现有检测承载力，测算抽检需求量和检测供给量之间的平衡点，动态调整抽检基数 X 值，通过实施差异化抽检策略、重新规划全省检测资源等手段，应用科学合理的测算方法、高效协同的信息化业务流程，实现以往刚性同质化管理模式向柔性差异化方向转变，促进与后端供应业务的高效协同，提升检测业务时效，保障物资供应响应。

（3）统筹调度配送资源。改变需求单位到库领用的传统做法，围绕"共享主动、快速便捷"的服务理念，探索开展主动配送业务，打造物资"智能配送、移动应用"的新模式，实现物资"需求即时确认、订单一键下达、按需主动配送"，推动物资供应保障工作由需求侧向供给侧转变，全面提升物资供应服务水平。

2. 建立协同联动机制

（1）精准供需匹配。结合历年物资需求量、国家电网公司投资发展趋势，建立科学、合理的储备额计算模型，制定周转库集中储备期初储备额。依托协议库存自动匹配及可视化选购模块，项目单位根据未来的需求情况提交储备物资领用需求，供应链运营调控指挥中心依据提前获取的领用计划预估补库需求、动态调整下季度储备额，提升供需匹配的科学性和精准性。

（2）强化储检联动。打破信息流贯通壁垒，强化仓储、质量专业关键数据交互共享，通过增强开发 ERP 功能，在 ERP 到货环节设置物资抽检管控，待检物资办理入库后，系统自动触发将物资库存状态变为"质检"；电科院根据检测机构检测承载能力及检测任务量智能分配检测任务；检测机构检测完成后及时上传检测结果，由物资质量抽检管控平台实时推送至 ERP。

（3）开展智能配送。发挥集中存储、集中配载优势，依托智能配送管理平台开展主动配送业务。需求单位根据工程实施进度，提前上报物资预约领用需求；供应链运营调控指挥中心收集、汇总各单位物资领料需求，制订转储计划与配送计划；周转库根据转储计划，按"先进先出"原则，组织第三方物流服务商将需求物资集中转配至对应终端库。

3. 智能辅助决策分析

（1）业务状态监控预警。以检储配一体化运作为主线，梳理各环节业务开展过程中的关键监控点，将业务管理逻辑固化至系统，开展业务状态实时动态跟踪监控，及时预警异常事件，提醒对异常事件进行纠偏，并通过跟踪、督办等手段实现业务预警信息的闭环管控。后期根据业务发展需要，可动态增加监控预警点。

（2）运行结果智能分析。运用大数据分析、智能算法等工具，对检储配业务运行关键环节数据进行汇总统计。针对各环节业务运行结果开展全景多层次、多维度数据智能辅助分析，挖掘业务管理提升点，促进检储配运营体系良性循环。

（3）管理策略动态优化。基于检储配一体化运作开展情况及辅助分析结论，结合业务需要，动态优化管理策略，保障物资供应时效与入网质量。

三、管理成效

1. 供应时效有效提升

通过合理设计运作模式，制定各级仓库最佳存储策略，并建立健全集中储备、即时补库、主动配送等业务管理模式，降低物资供应风险，提升物资供应效率。从单个业务环节看，优化后的业务运作模式，补库计划制订时间可从 7 天缩短至 1 天，协议库存分配时间可从 5 天缩短至 2 天，物资抽检周期从 18 天缩短至 13 天。从供应链整体效果来看，物资供应模式优化前，从需求计划提报至领用出库需要 70.5 天；优化后，通过实施储备额管理，仓库提前存储抽检合格物资，形成储备资源池，项目单位提出需求时，直接触发领用申请，无需下达供应计划，物资供应周期缩短至 7.5 天，物资供应时效性提升 90% 以上。检储配一体化运作体系供应时效对比见图 3-6。

2. 物资质量显著提高

依托质量抽检管控平台，对物资抽检全过程进行数字化管控，将物资质量线上监

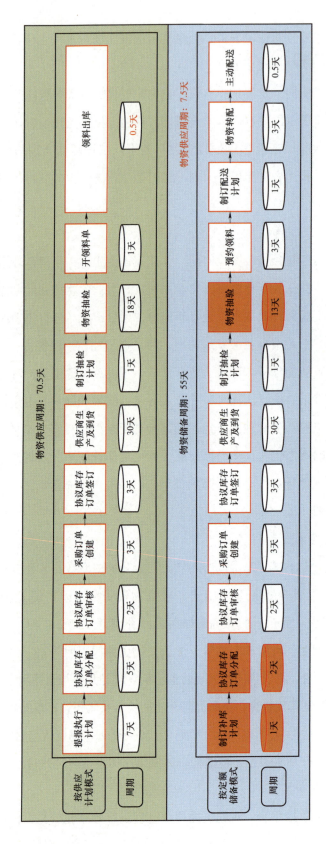

图 3-6　检储配一体化运作体系供应时效对比

管延伸至取（封）样、送样、返样、检测及供应商约谈、异议、复检等多项业务流程，解决"部分业务线上管理、部分业务线下处理"问题，提升业务处理效率与管理质效。

3. 运营管理规范高效

改变原有协议库存物资供应模式，打造协议库存自动匹配及可视化选购平台，建立"储备额智能调整、即时抽检、随用随领、主动配送、动态补库"的运营机制，推动各业务环节效率协同提升。从业务环节出发，梳理各项管理活动的评价指标，构建检储配一体化运作能力评价方案，并依托供应链运营调控指挥中心对各项评价指标开展监控预警与分析提升工作，推动检储配各业务环节的规范性持续提升。

4. 管理成本大幅降低

以某省公司为例，开展检储配一体化运作每年节约供应链综合管理成本约 1200万元。具体来说，在仓储管理方面，全省注册仓库每年降低运营成本 2100 万元；在质量管理方面，差异化抽检策略降低了抽检频次和抽检需求量，且仓库样品取样模式由多点分散向有限集中转变，缩小了集中取样仓库范围，每年减少物资抽检成本 1800万元；在配送管理方面，优化后的两级仓储网络扩大了集中储备物资范围，周转库储备物资实施主动配送后，较现有寄存物资配送成本增加 2700 万元。

[案例 3-2] 合同履约专业服务的内外协同

一、业务背景

长期以来，国家电网公司合同履约与物资运输管理工作面临诸多难题：①大量业务线下办理，供应商、物资部门、项目单位、设计单位、监造单位等协同单位多，且各方地理位置又相对分散，导致工作效率较低且缺少有效的监控预警手段；②图纸确认、物资排产、履约催缴、供应商约谈、违约索赔等业务环节数据未能实现互联互通，数据共享及查询难度大；③供应计划审核、图纸确认跟踪等业务环节数据仍依靠人工经验比对，系统辅助决策能力弱；④物资运输管理过程中信息化管理手段相对欠缺，未对物资运输整个过程进行有效的监控预警。

基于以上业务背景，国家电网公司按照供应链绿色、数智发展提升要求，依托现代信息技术，加快启动合同履约与物流运输数智化平台建设，提升服务水平，重点解决上述问题，达成以下三个具体建设目标：①加快推进业务线上协同，实现合同履约全业务环节的可视化、透明化。②基于合同履约及物流运输业务数据的互联互通，预设监控预警逻辑，强化对运输过程的风险管控。③进一步发挥数据资源优势，挖掘数据资产价值，全面提升系统辅助决策能力。

二、业务实践

合同履约专业服务的内外协同建设以"推动合同履约全链路业务上线运行"为主线，通过全量数据的融合贯通，驱动企业内外业务方的高效协作，打造网络化交互平台，使业务流程更加通畅、需求响应更加敏捷。

为达成上述三个具体建设目标，遵循上述整体逻辑，结合国家电网公司业务特点和工作实际情况，重点开展合同在线履约、物资可视运输两项优化内容。

1. 合同在线履约

打造在线履约平台，以订单业务流为主线，全面融合图纸维护及确认、供应计划变更及确认、排产计划制订与审核、生产进度跟踪、违约索赔、供应商约谈等业务交互功能，对内服务于各层级物资管理部门及项目单位，对外服务于供应商、设计单位、监造单位等业务参与方，实现合同履约业务一平台通办。

该项优化内容重点完成以下六项工作：

（1）图纸确认在线开展。系统自动筛选并推送需进行图纸维护的任务，项目单位在线分配图纸维护及确认任务，供应商查询并上传图纸信息，设计单位对图纸进行审核，图纸、业务交互时间及人员等信息线上存档并支持各方查询。通过在业务过程节点预设监控规则，实现图纸确认及驳回消息的自动推送，以及项目单位超期未分配设计单位、供应商超期未上传图纸、供应商超期未发起图纸确认、设计单位超期未确认图纸等事件的智能预警，全面提升业务时效。

（2）供应计划在线变更。系统自动推送待确认的供应计划条目，项目单位在线确认并发起交货期变更申请，系统结合物资生产周期等基础数据，智能校验变更的交货期是否合理，并生成交货期变更申请书，供应商对变更的交货期进行确认或驳回，完成电子签名签章工作。对于7天未确认的交货期变更条目，系统自动生成预警督办信息，并实现电子签字签章的待办推送和一键审批。

（3）排产计划在线维护。供应商实时获取待排产的物资订单，在线录入物资排产计划，物资供应管理单位维护排产计划各工序的标准工期，系统对排产计划工期进行自动审核，对未维护排产计划、逾期未录入排产计划等事件进行智能预警。排产计划生成后，系统实时推送监造通知，关联业务方可实时查看或批量导出排产计划信息。

（4）生产进度实时跟踪。对于已经完成交货期确认的重点监造物资条目，物资供应管理单位在线分配对应的监造单位。系统自动预警生产进度未及时维护的责任单位，对于非监造范围内的重点物资，由供应商在线维护物资实时生产进度；对于监造范围内的重点物资，由监造单位在线维护物资实时生产进度。项目单位、物资供应管理单位实时查询物资生产进度信息，查询结果按红、黄分级展示。

（5）违约索赔线上协同。通过预设业务管理逻辑，系统针对收货后 60 天内未办理完成的单据，自动生成违约索赔预警督办。应用电子签名签章技术，实现地市公司、物资公司、省公司违约索赔的线上协同审批，提升违约索赔业务办单效率。违约索赔单据线上存档，降低单据查阅与管理成本。

（6）供应商在线约谈。依托单据电子化技术，实现供应商约谈单据的线上流转签章与存档。系统支持履约专职人员维护，以及约谈单据创建、修改、查询等功能。

2. 物资可视运输

通过打造 ELP，远程感知物流运输业务现场活动，消除业务管理盲区，实时监控物流运输轨迹及车辆运输状态，保障优质履约，构建全景可视的物流运输体系，提升物流管理水平。

该项优化内容重点完成以下三项工作：

（1）在线创建运输任务。通过合同编号、合同名称、项目名称等信息查询合同供应计划，基于供应计划条目创建物资运输任务，并将物资运输任务与物联网感知设备进行绑定。系统智能规划并推送运输任务路线，督促供应商或承运商根据合同及大件运输方案要求开展运输工作。

（2）实时跟踪运输状态。依托冲撞记录仪、位移记录仪、视频监控等物联网传感装置，实时采集、感知物流轨迹和运输状态，实现运输过程全量信息的实时可视化监控，系统智能预警运输轨迹偏离、运输进度滞后、车辆加速过快、物资运输剐蹭等异常事件，强化物资运输风险管控。运输冲击加速度统计界面如图 3-7 所示，运输轨迹监控界面如图 3-8 所示。

（3）远程协调到货准备。物资供应管理单位通过 ELP，跟踪运输计划状态、信息，监控供应商物资发运情况，重点了解物资到货需求，线上提前确认项目现场是否具备收货条件，提前协调做好现场收货、验收、仓储或转运的准备工作。

图 3-7　运输冲击加速度统计界面

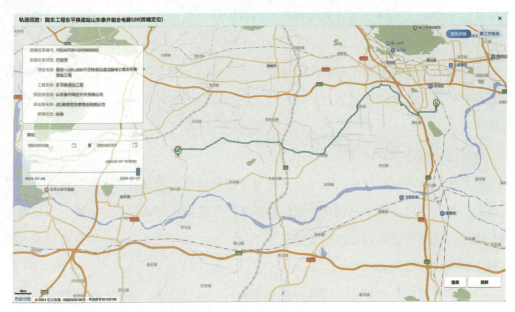

图 3-8　运输轨迹监控界面

三、管理成效

1. 提升合同履约管理效率

通过搭建在线履约平台，实现供应商、物资供应管理单位、项目单位、设计单位、监理单位等供应链业务方的在线网络化协作，合同履约业务线上办理、线上预警、线上督办，全面提升业务时效，提升管理效率。以某省公司为例，自 2022 年 4 月在全省推广应用后，履约业务处理效率大幅提升，履约问题协调解决周期平均缩短 20%。

2. 防范合同履约管理风险

通过搭建在线履约平台，实现图纸、违约索赔记录、约谈记录等文件资料线上流转及存档。此举降低了纸质单据丢失的风险，规范了业务合规办理，各项业务痕迹均清晰、可溯。ELP协助相关方全方位采集、感知物流运输状态信息，实时监控物流运输异常事件，进一步强化了物资在途运输管控，保证物资按期安全交付。

3. 降低合同履约管理成本

在物资交货期变更、供应商违约索赔、供应商约谈等多项业务中引入电子签名签章技术，改变了相关业务方线下往返办理单据的传统方式，进一步提高业务流转效率，降低人工差旅成本。

[案例3-3] 供应链全寿命周期管理（实物 ID 管理）

供应链全寿命周期管理是以供应链全寿命周期数据共享为导向，对设备进行标准化 ID 赋码，为设备创建具有唯一识别功能的身份证。通过实物 ID 提取关联业务数据、串联各部门信息交互、融入各专业业务流程，从而建成流程标准规范、应用场景清晰、实践成果丰富的赋码管理体系。

一、业务背景

近年来，大数据和物联网技术不断发展，国家电网公司供应链业务应用了多套信息系统，但是存在系统集成度不高，跨系统数据挖掘难度大、规则制定难等问题，电网的供应链全寿命周期管理提升面临着诸多挑战：①电网物资管理模式难以贯穿规划计划、采购建设、运维检修、退役报废等供应链全寿命周期各阶段；②电网物资管理在专业之间存在"信息孤岛"现象，大部分仍使用纸质办公，仍采用传统线下信息交流，增加了相应的人力及工作量；③电网物资管理的信息交互存在数据交互壁垒，新一代设备资产精益管理系统（简称为 PMS3.0）设备数据、ERP 中项目、物资、设备、资产及"e物资"移动终端相关数据、工程建设过程中的数据等有待共享串联。

借鉴电子产品编码（EPC）❶、固定资产、居民身份证等编码规则，国家电网公司开展了实物 ID 建设，构建细化到单体的实物 ID 编码规则，通过赋予物资终身唯一的身份标识，用于实现供应链全寿命周期项目编码、工作分解结构（Work Breakdown

---

❶ EPC 即电子产品编码，是一种编码系统。它建立在 EAN.UCC［即全球统一标识系统，由国际物品编码协会（European Article Number，EAN）和美国统一代码委员会（Uniform Code Council，UCC）共同建立］条型编码的基础之上，并对该条形编码系统做了一些扩充，用以实现对单品进行标志。

Structure，WBS）编码、物料编码、资产编码、设备编码等信息的关联共享，以提升供应链全寿命周期管理水平，夯实电力物联网建设基础。

二、业务实践

供应链全寿命周期管理是指对电网实物资产流转全过程的盘点、验收、交接、转资及信息维护与档案管理等工作，实现实物资产在物资、建设、运检、财务等专业涉及环节的实物 ID 贯通及台账、资产与现场实物的一致性、准确性、规范性，规范国家电网公司供应链全寿命周期管理，充分发挥实物 ID 信息贯通作用，实现实物资产账卡物一致，确保资产安全完整，提高资产质量和效能。实物 ID 在各专业的深化应用与管理实效如图 3-9 所示。

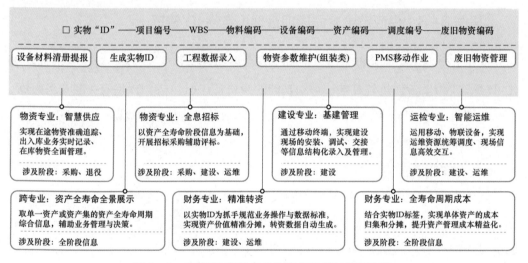

图 3-9　实物 ID 在各专业的深化应用与管理实效

结合各专业业务特点和工作实际情况，根据实际需求，开展物资供应数据贯通、移动运检信息交互、实物资产智能盘点三项优化内容。

1. 物资供应数据贯通

利用实物 ID 及移动终端等技术手段，实现物资采购、合同签订、配送管理、仓储管理、工程现场物资管理、物资退役处置等供应链业务全环节线上核实流转，以实物 ID 为媒介实现全链数据贯通，简化业务操作，实现物流和信息流的融合协同。扫描实物 ID 办理到货入库单、出库单示例如图 3-10 所示。

（1）实物 ID 为物资供应赋码赋能。通过将实物 ID 编码与项目编码、WBS 编码、物料编码自动关联，物资供应管理单位可从"e 物资—产能智能监控模块"中调取历史数据和供应商产能信息、备货情况，供应商可根据"e 物资"移动终端查询供应计划并排产，大幅提高物资供应计划管理与执行的准确性和时效性。

| (a) 实物 ID 管理界面 | (b) 生成入库单界面 | (c) 出库单详情界面 |

图 3-10　扫描实物 ID 办理到货入库单、出库单示例图

（2）实物 ID 确保物资流转可控在控。通过物资的二维码铭牌和 R 射频技术（Radio Frequency Identification，RFID）标签，以"e 物资"移动终端为平台，识别存储、接收上传和实时跟踪实物 ID 对应的物资状态，可实时核查物资技术参数信息录入的完整性、准确性，物资流转、交接、验收等各流程节点可依"码"核实并实时查询跟踪，确保实物与订单、系统信息的一致性，通过物资流转全流程数据的贯通，提高物资各节点流转效率，确保物资实时可控在控。

（3）实物 ID 加强资产退役报废全流程管控。通过实物 ID 将固定资产报废、废旧物资退库、废旧物资处置环节紧密结合，通过检查待退役设备实物 ID 标签完整性、准确性，合理开展固定资产技术鉴定及资产报废审批程序，实现废旧物资自动选取、线路类物资重量自动转换、物资类型自动分配废旧物资编码等功能。

2. 移动运检信息交互

运检专业可借助移动手段丰富现场信息交互模式，在现场设备核查、设备台账创建、变电站现场巡视等业务环节简化现场作业流程、增强数据及时采集能力、提高一线人员工作效率，开展现场信息录入、设备信息核查、实物设备名称对应等业务。扫描实物 ID 采集实物资产数据信息如图 3－11 所示。

(a) 选择扫码方式

(b) 设备台账维护

图 3－11　扫描实物 ID 采集实物资产数据信息

（1）信息获取智能高效。运检人员利用物联感知技术，可通过扫描实物 ID 快速识别设备信息，实时掌握设备相关信息。通过移动技术应用，开展基于移动应用的设备核查状态信息确认，提高设备运维检修工作效率，提升安全管控能力。

（2）作业信息实时维护。运维作业管理全部线上操作，全流程无纸化办公，避免重复填卡，提高业务办理效率，降低人工和耗材成本，缩短业务流转周期。

（3）实物台账精准对应。通过云端技术和移动应用，实现增量设备数据贯通，通过实物 ID 引入设备物理参数，提高台账创建效率和精准度。

3. 实物资产智能盘点

财务专业可编制资产盘点计划，分解下达盘点任务，实物管理部门组织实施固定资产实物盘点工作，利用实物 ID 开展固定资产盘点，盘点结果履行内部审批程序后，由财务部门按有关规定进行财务处理，班组员工借助移动智能感应终端扫描设备实物 ID，实时获取设备台账、资产卡片信息，核对现场实物实现随时盘点，随时整改，通过开展智能盘点工作，实时掌握资产盘点的进度和质量，促进跨部门业务的高效协同，业务效率显著提升。

三、管理成效

1. 切实提升供应链全寿命周期管控能力

实物 ID 嵌入业务流程管控功能，推动"项目—物料—台账—资产卡片"之间的数据自动流转，实现物料与资产卡片联动，改变实物 ID 仅作为系统字段流转的现状。供应链业务各环节应用移动终端扫描实物 ID，触发供应链全寿命周期各环节业务数据留痕、可跟踪，实现全过程数据的线上提取、记录、验收、流转、移交及归档，系统自动进行数据校验，切实提升供应链全寿命周期全过程管控能力。某省公司目前已选取 16 个地市的 19 个项目开展试运行及功能验证，其中 7 个项目已实现全流程功能流转应用。实物 ID 的嵌入式流程管控流程如图 3 – 12 所示。

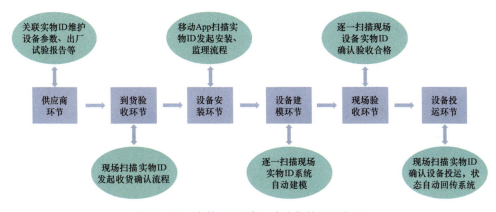

图 3 – 12 实物 ID 的嵌入式流程管控流程图

2. 赋码赋能促进工作提质增效

实物 ID 应用于需求计划申报、概算自动导入、结算费用自动校验调整等场景，实现物料、设备、资产关系全过程对应，助力物资流转过程中快速准确抓取传递信息，提高业务效率和精准度，有效降低人工成本。某省公司 220kV 变电站利用实物 ID 功能实现变电站整站自动转资，降低人工数据核查量 40%，提升转资精准度 30%，节约人力成本 60%。

3. 助力数据信息贯通共享

实物 ID 扫描将视频、红外、机器人等运行数据信息进行关联，贯通移动 App 及 ERP、PMS3.0 等信息系统，实现物资设备缺陷、隐患等信息准确追溯，并通过智能联动、异常预警主动推送提示消息，实现系统间数据自动智能比对及设备物资台账信息的源端在线维护、全局信息共享，提高业务管控水平和应急处理能力。基于实物 ID 对单体设备成本归集的应用如图 3 – 13 所示。

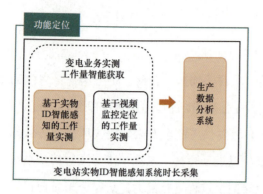
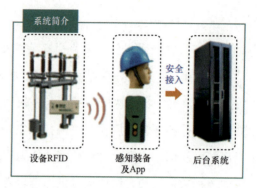

图 3-13 基于实物 ID 对单体设备成本归集的应用示例图

[案例 3-4] 重大项目物资供应统筹

一、业务背景

能源电力安全保供是经济社会稳定运行的基础保障，关系民生、关系稳定、关系发展。国家电网公司作为最大的电力能源央企，承担着电力保供和服务能源转型的责任使命。十四五期间，国家电网公司计划电网投资 2.4 万亿元，发挥投资对经济社会的拉动作用，大力推进新能源供给消纳体系建设，加速扩容特高压工程建设，"随核随开"新能源送出工程建设，全面提级增速各级电网工程建设。

重大项目工程建设和物资保障密不可分，当前，物资供应保障面临以下形势和难点：

（1）多工程同期集中交货带来物资保供新挑战。2023 年计划投运、续建、新开工特高压工程多达 25 项，各级电网工程全方位、大范围开工建设。关键组部件备料、设备制造、大件运输、供应商现场服务等资源被大幅摊薄，叠加紧急工程有效施工周期短、重要施工跨越供货刚性约束等因素，多工程同期交付矛盾、局部产能紧张问题进一步凸显，给物资保供统筹带来更大挑战。

（2）工程建设急难险重任务带来物资保供新要求。电网工程建设进入地域"无人区"、技术"无人区"，多项重大项目将穿越高海拔、高纬度、沙戈荒地区，对主要物资供应、大件运输、供应商现场服务的及时性、精准性提出了更高要求。政府对新能源送出、业扩配套等紧急工程"随核随开、限期投运"的需求更加迫切，给物资保供全方位支撑保障水平提出了新要求。

（3）大件设备运输复杂性带来物资保供新考验。2021 年大件运输桥面侧翻事件敲响了运输安全管控警钟。2022 年大件运输汛期反枯事件引起了运输管理思考。大件运输沿线水文、地理条件的复杂性，暴雨、洪涝、地震等极端天气的多发、频发，公路、铁路、水路等多种运输方式的倒运,沿途道路改造任务的艰巨性,给物资保供大件运输带来新的考验。

(4)供应链上下游传动影响带来物资保供新常态。受地缘政治冲突、贸易保护等国际因素影响,进口关键组部件供应不确定风险增大,铜、铝、钢等大宗原材料价格"波动周期长、短期涨幅大"的特性进一步显现。"双碳"目标逐步落地,国家产业链升级持续推进,环保督查力度不断提高,对电解铝、钢铁等行业产能影响明显。复杂严峻的供应商上下游环节,如何高效开展物资保供成为新常态。

二、业务实践

面对物资保障面临的新形势、新任务、新挑战,国网物资调配中心依托绿色现代数智供应链,发挥统筹协调作用,按照"全面对接电网建设需求、全链管控物资供应风险、全域统筹全网物资资源、全程监控物流运输过程、全方位协同各级单位、全力支撑供应链体系高效运转"原则,持续提升全领域、全场景的电网物资优质保供能力。"六全"原则如图3-14所示。

图3-14 "六全"原则

1. 全面对接电网建设需求

主动对接建设部门,建立年度重点关注工程台账,跟进工程核准、开工、建设进度及物资需求情况。以物资需求为导向,向上溯源工程里程碑计划、施工计划和停电计划,向下衔接供应商生产计划、运输计划、现场服务计划,跟踪协调图纸交互、备料生产、出厂发运、到货验收等情况,销项闭环式管控物资供应完成情况,实现工程建设与物资供应"一本账"管理。针对迎峰度夏(度冬)等总部重点关注的工程,组织省公司开展物资供应专项管控。

2. 全链管控物资供应风险

基于物资供应导期及供应商产能,全面监测工程前期、需求提报、招标采购、合同签订、物资履行、合同结算、现场服务等供应链各环节执行情况,动态预警物资供应链风险点。深入开展变压器、组合电器、铁塔等重点物资供需分析，如图 3－15 所示。

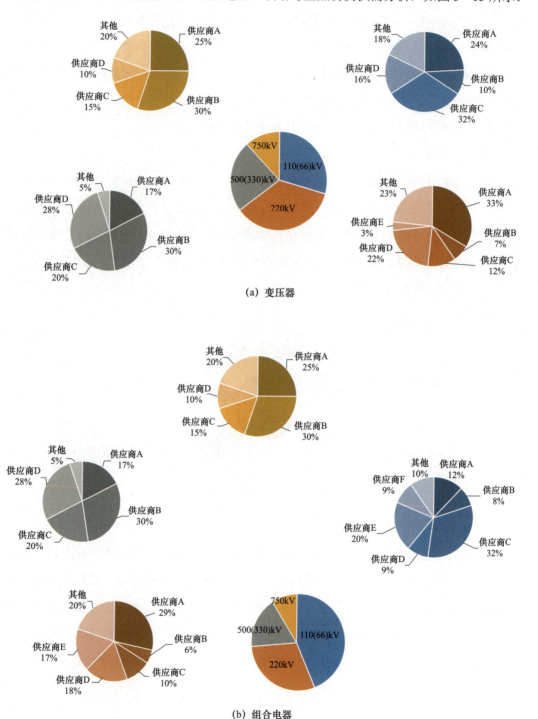

(a) 变压器

(b) 组合电器

图 3－15　变压器、组合电器、铁塔等重点物资供需分析（一）

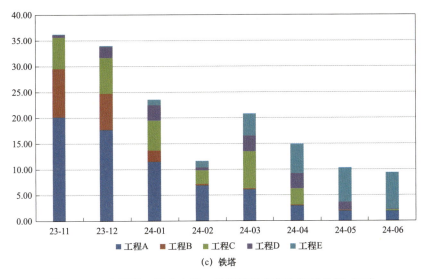

（c）铁塔

图3-15　变压器、组合电器、铁塔等重点物资供需分析（二）

基于企业用电信息，监测供应商停工、复工，以及合同订单执行情况，如图3-16所示。建立大宗材料市场波动分析模型，监测原材料价格异动履约风险。关注异常天气、环保督查、有序用电、疫情等影响因素，及时采取应对措施，提升供应链韧性和安全性。

　　3. 全域统筹全网物资资源

　　拓展资源池范围，在实物库存、订单资源、协议库存、供应商库存等资源的基础上，优化"国网应急库—省周转库—市县终端库＋专业仓"仓储网络布局，开展实物资源"一本账"管理，提升物资周转及利用效率，实现实物资源的科学调配和高效利用。探索与南方电网、安能集团跨企业资源共享，更大范围提升资源调配能力。实物数字资源池如图3-17所示。

　　4. 全程监控物流过程

　　压实省公司履约管理及供应商运输主体责任，110kV及以上大件设备运输全面应用ELP开展运输监控。推动ELP物联终端集中采购、统一配置，建立物联终端日常管理和运转工作机制，提高物联终端使用效率。推进"供应商实施、省公司监控"的运输监控业务模式，实现运输全程可视可查、物流轨迹实时监控。做好大件设备运力资源统筹，防范运力资源供需矛盾风险。大件运输管控界面如图3-18所示。

　　5. 全方位协同各级单位

　　纵向协同方面，逐级落实责任，持续深化总部、省、市三级履约协同和应急保障工作机制，充分发挥承上启下及全网物力资源统筹调配平台作用，协调、督办省公司

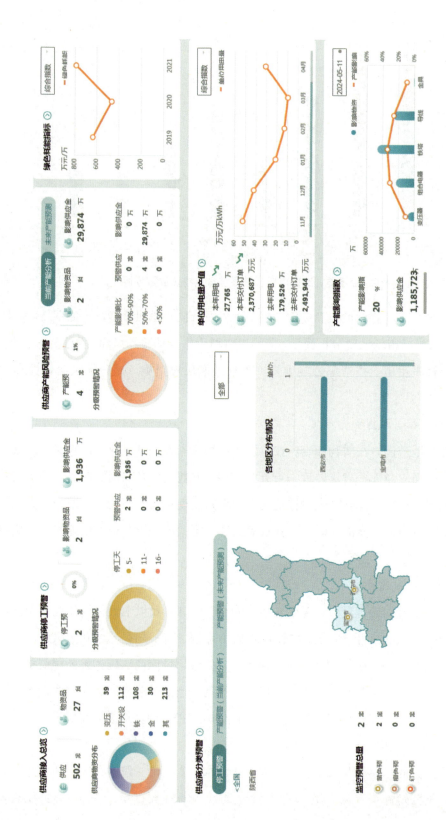

图 3-16　基于企业用电量信息的供应商生产监测

图 3 - 17 实物数字资源池

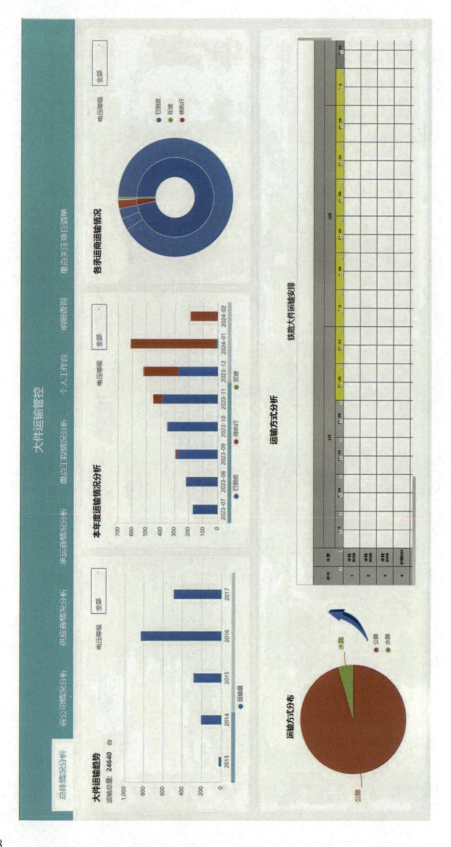

图 3-18 大件运输管控界面

反映的供应问题。横向协同方面，强化总部、省公司两级物资与基建、设备、安监等专业部门的业务协同，深化日常协同工作机制，在重大项目保供、应急物资保障等方面，做好物资供应保障服务支撑，提升工作质效。

6. 全力支撑供应链体系高效运转

随着工程建设及物资供应精益化管理的推进，差异化、灵活化、精准化的物资供应需求日益突出，对跨专业数据对接、业务流程协同和资源智能统筹要求逐渐提升。因此须以绿色现代数智供应链建设为统领，以体系保障为基础、以合规管理为前提、以数智应用为驱动，不断推动供应链管理提质增效，全力支撑供应链管理体系高效运转。

三、管理成效

1. 实现全链条在线监测预警督办

依托 ESC 动态监测物资供应全链风险，在线开展变压器、铁塔等重点物资供需分析。基于企业用电信息，监测供应商复工复产情况，对重点供应商采取"一厂一策"管控措施，提前疏解 500 余家次供应商潜在断链风险，全力保障疫情期间重点工程物资供应。

2. 保障重大项目物资及时有序供应

主动对接建设部门，提级管控重点工程物资供应。推进物资基建专业协同，统筹产能运力，专项协调重大物资供应问题，协助省公司开展统一排产、催交催运，高效保障攀西电网优化、川藏铁路配套、特高压配套、迎峰度夏等 2000 余项重点工程物资如期交付。

3. 高效解决工程项目紧急需求

科学利用全网资源池，通过实物库存跨省调配、协议库存跨省调剂等机制，高效保障电网项目建设紧急物资需求。自 2019 年开展协议库存跨省调剂工作以来，累计完成 7.62 亿元物资调拨，高效解决了冬奥配套、雄安新区等重点工程的紧急物资需求。

第四章

合同结算管理

合同结算是合同业务运营管理的重要内容之一，是合同双方权利义务履行的重要环节。做好合同结算管理是确保合同顺利执行、买卖双方正常经营的关键。国家电网公司协同对接各专业平台提升数字交互能力，充分利用先进的管理理念、现代的信息技术手段，构建具有鲜明特色的供应链合同结算管理模式，实现全供应链价值流驱动一体化协同，提升合同结算管理水平，强化合同结算合规风险管控，赋能质效提升。

第一节 结算管理概述

合同结算是指在双方签订合同后，根据合同约定的内容和条款进行款项收支，以实现交易的完整和平衡的一项活动。合同结算是商业活动中重要一环，它涉及资金流动、风险分担、履约义务等方面。合同结算管理是合同管理的关键环节之一，只有合法合规合理地进行合同结算，才能保证企业合法权益得到保障，促进企业健康有序地发展。国家电网公司推进物资合同省级集中结算，实行资金支付预算管理，加强履约保证金管理，统一结算单据，根据物资合同履行节点规范预付款、交货款、验收款和结清款的结算流程。

一、基本情况

（一）管理范畴

合同结算指的是合同履行过程中，按合同约定的支付节点、支付方式、支付金额及项目实施进度开展资金预算申报及款项支付等工作。在物资采购领域，合同结算管理是指对因物资采购，对与供应商建立起的货款收付关系进行清偿管理的过程，涵盖支付节点管理、支付凭证管理、支付申请管理与款项支付等内容。

（二）管理要求

国家电网公司围绕"建设具有卓越竞争力的世界一流能源互联网企业"的战略目标，建设绿色现代数智供应链，以讲法律、重合同、守信用、负责任为准则，健全完善物资合同款项及时支付长效机制，努力实现物资合同款项支付零逾期，进一步优化营商环境，构建和谐稳定、共赢共生的供应链伙伴体系，助力实现供应链协同与高质量发展。

合同结算过程中，物资供应管理单位负责合同结算单据的收集、验审、资金预算和支付申请编制工作，财务部门根据资金支付申请开展款项支付工作。

合同结算按"谁签约谁结算"的模式分段结算，各段结算流程除结算触发条件、结算凭证或单据不同外，结算模式基本相同。合同价款按照合同约定的支付条件和比例支付，一般分预付款、交货款、验收款、结清款四段。相关款项应在申请手续办理完毕后在约定时间内支付。

合同结算过程不得要求供应商接受不合理的付款期限、方式、条件等，不得以履行内部付款流程为由违约拖欠货款。对于存在逾期支付风险的合同款项，应建立支付绿色通道，确保按期完成支付。

1. 预付款管理要求

预付款是指物资合同签订后，买方（业主方）根据合同约定向卖方（供应商）支付一定金额款项，便于卖方采购原材料及时开展生产准备，使之更有条件适当履行合同。预付款为合同给付的一部分，当事人关于预付款的约定具有诺成性，不以实际交付为生效要件。

合同生效后，卖方凭履约保证金凭证办理支付申请手续。买方在申请手续办理完毕后按照合同约定时间向卖方支付相应预付款。买方支付预付款后，如卖方未履行合同义务，则买方有权收回预付款；如卖方依约履行了合同义务，则预付款抵作合同价款。在符合合同约定的前提下，卖方选择同等金额预付款冲抵履约保证金的，可将相应合同预付款作为履约保证金，此预付款可随验收款一并支付，双方不再互相出具承诺函及收据。合同约定无验收款的，则随合同最后一批物资交货款支付预付款。

2. 交货款管理要求

以法律观点而言，交货即卖方将货物所有权移转给买方之意。《民法典》规定，出卖人应按合同约定的时间、地点等要求交付标的物。

国家电网公司物资采购合同约定，每批合同货物出厂试验合格并交货后，供应商凭货物交接单、实际到货金额的增值税专用发票办理交货款支付申请手续，合同货物分批到货的可分批办理。增值税专用发票开具事宜，双方另有约定的从其约定。

物资供应管理单位取得供应商提交的实际到货金额的增值税专用发票后，凭货物交接单和发票，按照合同约定办理到交货款支付手续，提交财务部门审核，审核无误后由其完成资金支付。实际到货物资数量或金额与合同有差异的，需在交货款支付完成前完成合同变更。

3. 验收款管理要求

验收是指物资到货后，买方按照合同约定的标准对其进行检验。物资供应管理单位在收到供应商提交的经双方签署的合同设备验收证书或货物验收单并经审核无误后，按合同约定向卖方支付验收款。在货物验收单办理之前，备品备件和专用工具需到齐。

若由于买方原因导致合同货物在三次考核中未能达到技术性能考核指标，买卖双方应在考核结束后约定时间内签署验收款支付函。若在最后一批货物交货后约定时间内未能开始考核，则买卖双方应在上述期限届满后约定时间内签署验收款支付函。以上两种情形，卖方也可单方签署验收款支付函提交买方，如果买方在收到卖方签署的验收款支付函后约定时间内未向卖方提出书面异议，则验收款支付函自签署之日起生效。验收款支付后，供应商仍需履行相应职责（详见二维码）。

延伸阅读

验收款支付后供应商仍需履行的职责

4. 结清款管理要求

国家电网公司物资采购合同中结清款是指合同货物质量保证期满，并无质量问题或质量问题及时解决后，按合同约定支付给供应商的款项。

物资供应管理单位在收到供应商提交的物资运维部门签署的质量保证期届满证书或已生效的结清款支付函并经审核无误后，按合同约定向卖方支付结清款。

除合同条款另有约定外，买方向供应商支付验收款的同时或其后的任何时间内，供应商可向物资供应管理单位提交双方可接受的合同结清款保函，并要求其支付合同结清款，物资供应管理单位不得拒绝。在质量保证期内，若标的物技术指标不满足"技术规范书"要求，或标的物发生质量问题，物资供应管理单位有权要求供应商在规定时间内对合同货物进行免费修理、更换，否则物资供应管理单位有权直接扣除结清款。

二、合同资金预算及支付管理

（一）资金预算管理

物资供应管理单位负责采购合同结算单据的收集、验审、资金预算和资金申请编制工作，并按照物资合同约定的金额、付款阶段、付款比例，结合物资实物状态及系统信息，编制月度资金现金流量预算，开展资金日排程管理（详见二维码）。月度现金流量预算由预付款、交货款、验收款、结清款四部分组成，预算申报时需提供的单据分别为：

延伸阅读

资金日排程管理

（1）预付款结算单据：履约保证金凭证、预付款收据，有设计冻结款的需提报设计冻结确认书及发票承诺书。

（2）交货款结算单据：全额增值税发票、货物交接单。

（3）验收款结算单据：合同货物验收证书或货物验收单。

（4）结清款结算单据：质量保证期届满证书或已生效的结清款支付函。

在资金预算提报中，供应商已供货但结算单据未完备，经物资供应管理单位核实，供应商提供结算凭证书面承诺期限后，可提前申请合同交货款资金预算。其他涉及资金预算与支付的特殊事项，经物资供应管理部门组织专业部门专题研究确定后，由物资供应管理单位纳入月度现金流预算申报范围。资金支付预算审批后，若供应商违约或因供应商原因造成合同无法执行，合同履行人员要积极提出索赔要求，按合同款书面确认违约、赔偿金额。

（二）资金支付管理

一般来说，合同结算支付方式包括现金、支票、汇票、托收承付等。国家电网公司现行结算方式一般为现金结算。

各级物资供应管理单位根据财务管理部门审批通过的合同资金月度预算，依据供应商提交的相关单据及物资入库先后顺序，制作支付申请单，履行相关审批手续。实施付款之前需再次核对付款申请与合同、ERP、ECP 等系统数据之间的一致性，并严格按照资金支付管理流程完成四段款项资金支付，如图 4−1 所示。

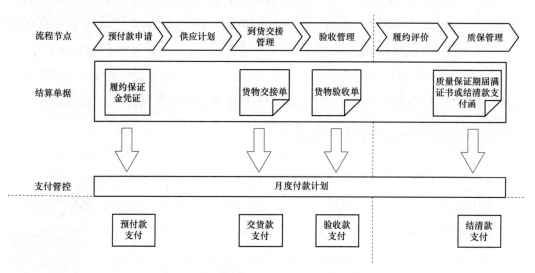

图 4−1 物资采购合同资金支付管理流程图

1. 预付款支付协同

合同约定有预付款的，供应商在 ECP 录入履约保证金信息后，凭履约保证金和预付款收据办理预付款申请手续。物资合同结算人员验审单据无误后，与供应商办理履约保证金登记交接。履约保证金为履约保函的，与供应商办理履约保证金保函交接。

合同结算人员根据资金月度预算编制资金支付审核单，流转会签后提报预付款支付申请，同时将履约保证金复印件、预付款收据移交财务部门，财务部门审核无误后完成资金支付。

换流设备的设计冻结款是一种特殊的预付款。合同货物设计冻结后，供应商凭设计冻结已完成确认书和发票承诺书办理预付款支付手续。

2. 交货款支付协同

货物到达现场并经验收合格后，物资供应管理单位在 ECP 发起货物交接单三方（物资供应管理单位、项目管理部门/项目管理单位、供应商）在线签署，供应商在 ECP 录入发票信息，凭全额增值税专用发票及货物交接单办理交货款申请手续。合同结算人员验审单据无误后，与供应商办理发票登记交接。

合同结算人员根据资金月度预算编制资金支付审核单，将增值税专用发票、货物交接单移交财务部门，财务部门复核无误后完成资金支付。

支付申请流转过程中发现到货物资存在质量问题，需暂停款项支付流程，由项目管理部门/建设管理单位出具书面材料移交物资供应管理部门，物资供应管理部门核实后暂停资金支付。

3. 验收款支付协同

合同约定有验收款的，在全部物资完成现场安装、调试、性能试验和验收合格后，供应商凭合同货物验收证书或货物验收单办理验收款支付申请手续。

合同结算人员根据资金月度预算编制资金支付审核单，流转会签后提交验收款支付申请，同时将合同货物验收证书或货物验收单移交财务部门，财务部门复核无误后完成资金支付。

4. 结清款支付协同

合同约定有结清款的，质量保证期满，无质量问题或质量问题及时解决后，且无索赔或索赔完成后，供应商凭货物质量保证期届满证书或者已生效的结清款支付函办理结清款支付手续。

合同结算人员根据审批通过的资金月度预算，编制资金支付审核单，流转后会签提交结清款支付申请，同时将质量保证期届满证书或者已生效的结清款支付函移交财务部门。财务部门审核无误后完成资金支付。

三、履约保证金管理

（一）履约保证金的定义

履约保证金是采购履约过程中，卖方为确保履行合同向买方提供的金钱保证，具

延伸阅读

履约保证金的
法律效力

有履约担保的性质（详见二维码）。国家电网公司通过合同约定卖方提供履约保证金，为合同物资的正常履约提供担保，履约结束，则买方按合同约定退还相应履约保证金。

（二）履约保证金的作用

履约保证金设立的目的是保证合同完全履行，其存在的主要作用在于督促合同当事人全面履行质量、交货期（或工期）、现场和质保服务等合同约定，对防范、降低合同违约行为起到积极作用。同时，有效降低合同违约中出现的经济损失风险的概率，保障采购方经济权益不受或少受损害。

（三）履约保证金的形式

国家电网公司统一合同文本约定，履约保证金可为由中国注册的具有担保经营业务资格的银行或有关金融机构开具的保函，或者为现金、汇票、支票，或向具有保证保险经营业务资格的保险公司投保履约保证保险，该履约保证保险产品应经银行保险监管部门审批或备案。

国家电网公司对需支付预付款的采购合同及框架协议采购合同收取履约保证金，旨在约束合同卖方（供应商）按时、按质、按量完成其合同履约行为，减少合同违约风险。当前，国家电网公司履约保证金主要有履约保证保险、履约保函、预付款冲抵、现金保证四种形式。

1. 履约保证保险

履约保证保险是指保险公司向履约保证保险的受益人（即标的物需求方）承诺，如果投保人（即标的物供应商）不按照约定或法律的规定履行义务，则由该保险公司承担赔偿责任的一种保险形式。

履约保证保险是国家电网公司近年来大力推行的供应链金融产品之一，旨在借助保险"小成本、大保障"的优势，释放供应商资金占用，服务实体经济发展。通过全面推广"电子保单"，提高业务办理效率，畅通供应商资金融通，助力优化营商环境。

履约保证保险业务协同与管控过程中需供应商开具保单提交合同结算人员，合同结算人员对保单期限、金额、签章等内容进行核对。在满足合同约定退保条件后，供应商申请保险解除。

2. 履约保函

履约保函是指应申请人（卖方）的请求，银行金融机构向物资采购合同的受益人（买方）做出的一种履约保证承诺。若卖方后续未能按时、按质、按量完成其合同履约行为，则银行将向买方支付等同于履约保证金的款项。

履约保函业务协同与管控过程中需卖方开具保函并提交买方，买方对保函期限、保函金额、保函签章等内容进行核对。在满足合同约定退保条件后，买方向卖方退还保函。

3. 预付款冲抵保证金

在符合合同约定的前提下，供应商选择同等金额预付款冲抵履约保证金的，可将相应合同预付款作为履约保证金。供应商可直接在 ECP 线上申请预付款冲抵保证金，无需线下办理。合同甲方在系统上对供应商提交的冲抵申请进行审核，需核实供应商申请预付款冲抵金额是否与保证金金额一致。在满足合同约定退款条件后，需求方退还该款项。

4. 现金保证

现金保证是指合同乙方按合同约定，以保兑支票、银行汇票或现金支票等方式向合同甲方提供的履约保证承诺。若合同乙方未能按时、按质、按量完成其合同履约行为，合同甲方有权按照合同约定处置该笔现金。

供应商应及时缴交履约保证金并及时提供汇款缴交凭证，合同甲方需核实供应商缴纳保证金的金额是否正确。在满足合同约定退款条件后，需求方退还该款项。

（四）履约保证金管理要求

1. 履约保证金期限管理

供应商以保函形式提交履约保证金的，如果履约保函的实际担保期限短于合同约定的履约保证金有效期，供应商需在担保期限到期前约定时间内重新提供履约保函。

供应商以保险形式提交履约保证金的，如果保单承保期限短于合同约定的履约保证金有效期，供应商需在保险期间到期前约定时间内办理保单延期或续保。如保单承保的合同责任提前结束，供应商可提出退保申请，经物资供应管理单位核实无误后办理相关手续。

2. 履约保证金退还

满足合同约定的条件下，供应商可提出履约保证金退还申请，经物资供应管理单位复核无误后，向供应商退还履约保证金。

履约保证保险、履约保函一般在物资验收完成后可以解除或退回，合同约定无验收款的则在完成最后一批货物交接后解除或退回。预付款冲抵保证金和现金保证一般在物资验收完成后随验收款一并退回，合同约定无验收款的则随最后一批交货款退回。

退保申请期间，履约保证保险仍在有效期内的予以办理解除，履约保函仍在有效期内的予以原件退回，逾期的保险或保函原则上不再受理解除或退回。

第二节 结算支付管理创新与实践

国家电网公司为加强物资合同款项支付源头治理，推进结算单据电子化、发票智能结算等智能结算业务场景应用创新，践行绿色低碳理念，夯实款项按期支付长效机制，实现结算全流程无纸化。

一、结算单据电子化

国家电网公司以合同结算线上化、智能化、数智化为主题，构建绿色现代数智供应链，打造营商环境新优势。应用物联网、移动互联等技术，全面推广结算单据电子化，结算单据信息确认从"线下"转移到"线上"。以 ECP 作为结算单据电子化签批流程管控的统一平台，与省公司的 ERP 及辅助工具相结合，共同实现结算单据电子签署，切实解决现场"跑单难"、成本高、效率低等问题，真正实现了"让数据多跑路，让供应商少跑腿"。

推行结算单据统一平台办理，开展结算业务智能协同，通过系统调用结构化数据自动生成付款单据，基于单据电子化开展合同结算，实现付款自申请与支付结算单据过程数据的自动化验审。一方面在保证单据准确性的基础上，有效缩短审核时间，加速供应商回款速度；另一方面单据电子化便于随时查阅，节省供需双方的归档流程，有效提升双方工作效率。

二、结算场景多样化

国家电网公司推进物资合同集中结算，实行资金支付预算管理，加强履约保证金管理，统一合同结算单据，根据合同履行节点规范结算流程。

常规电网物资合同款项一般为四段式支付，以供应商提交履约保证金、合同最后一批物资交货、完成货物验收、质保期满为节点，支付相应款项（合同另有约定则以合同为准）。但在实际业务中，国家电网公司在某些特定场景下制定一些灵活多样的结算策略，纾解供应商履约过程中的资金困难，使之更有条件开展合同履约行为，激励其提供优质服务，实现共赢。

除常规电网物资合同结算外，国家电网公司还根据电网工程特别是特高压工程物资供货周期长、施工环境复杂、现场进度管控难、合同货物金额大等现状，针对不同场景制定差异化的结算策略，以提前支付、分段支付、保函/保险替代等方式缓解供应商资金压力，服务实体经济发展，助力优化营商环境。

（一）常规电网物资支付场景

常规电网工程物资送达现场并交接完成后，需求方凭货物交接单和全额增值税专用发票办理交货款的支付手续。但对于部分供货周期长，资金占用大、现场无法及时接货及存在合同争议的物资，针对不同的情形，在合法合规的前提下，以公平公正为原则，制定差异化结算策略，最大限度保障供应商资金回款及时。

1. 分批到货结算

每批合同货物交货后，买方凭货物交接单及供应商按实际到货金额开具的增值税专用发票办理交货款支付申请手续，合同设备分批到货的可分批办理。增值税专用发票开具事宜，双方另有约定的，从其约定。经买方同意，备品备件和专用工具未到货的，可以先办理已到货合同设备的交货款支付申请，但合同设备交货日期仍以符合合同要求的合同设备包括备品备件到达合同约定的交货地点为准。

2. 厂内验收结算

因买方原因导致合同设备不能及时交货且存放于供应商处超过合同约定时间后，买方组织开展厂内验收，经验收合格后双方另行签订物资代保管协议，明确设备权属后及时办理相应交货款支付手续。在货物正式交货前，由供应商承担合同设备的保管责任和毁损灭失等风险。

3. 延期验收结算

合同约定有验收款的，合同货物验收且全部备品备件和专用工具到货后，凭货物验收单办理支付申请手续；合同设备分批验收的可分批办理。因买方原因未在最后一批货物到达交货地之日起约定时间内开始验收的，凭货物交接单办理验收款支付手续，且质保期自交付后约定时间起计算。

4. 异议款项处置

在合同履行过程中，常见因涉及合同违约处理、合同变更、合同超期未履行等，造成合同款项结算存在争议的情形。针对上述情形，国家电网公司在确保依法合规、不违背合同约定的前提下，本着互利共赢的精神，针对异议合同款项不同场景开展差异化处置。如供应商已供货，但存在违约行为尚未缴纳违约金的，可以合同货款直接冲抵违约金尽快完成办结；货物已交付但合同发生金额增加的变更，变更手续正在办理的，可先按原合同支付交货款，金额增加部分待合同变更手续完成后另行支付；超过合同约定时间尚未履行或暂停履行的合同，已生产部分组织验收后支付相应货款，未履行部分，双方友好协商继续履行、办理合同变更或解除。

5. 结清款保函（保险）替代

按照自愿办理原则，合同质保期开始后，供应商可凭结清款保函（保险）办理结清款等额替代，原定质保期及质保责任不变。买方在确认设备无质量问题情况下，凭结清款保函（保险）办理结清款支付手续。

（二）特高压工程物资支付场景

特高压工程与常规电网工程物资存在较大差异，主要体现为特高压工程建设周期跨度长，合同金额一般远大于常规物资合同金额，供应商资金占用压力尤为严重。为缓解供应商货物生产过程的资金占用压力，保障供应商优质履约，国家电网公司针对部分金额特大的货物合同条款进行特殊约定，以增加分段支付、分批支付等条款，最大限度保障供应商及时回款。

1. 合同款项五段式支付

除常规预付款外，针对特高压项目物资等资金占用较大的货物合同，增加第二期的预付款，一般在确认卖方完成合同货物设计冻结、型式/出厂试验等合同约定情况后支付。

（1）设计冻结款。一般是适用于特高压换流设备采购合同的一种特殊预付款。在合同货物设计冻结后，供应商凭设计冻结已完成确认书、收据、供应商财务部门出具的在交货款付款前提供合同价格 100%增值税专用发票的书面承诺（加盖供应商财务专用章）办理设计冻结款支付申请手续。买方在申请手续办理完毕后，按合同约定支付第二期预付款。

（2）出厂试验款。一般适用于特高压主要设备采购合同（如主变压器、组合电器等）。在设备完成出厂试验后，供应商凭首个设备出厂试验已完成确认书、收据、供应商财务部门出具的在交货款付款前提供合同价格 100%增值税专用发票的书面承诺（加盖供应商财务专用章）办理设备出厂试验款支付申请手续。买方在申请手续办理完毕后，按合同约定支付第二期预付款。

2. 交货款分批支付

针对特高压工程杆塔类物资供货周期长、资金占用大的特点，国家电网公司对其交货款约定分为五期支付，分别为合同货物累积交货数量达到合同货物总数量20%、40%、60%、80%、100%（合同另行约定的以合同为准）的，供应商凭货物交接单、增值税专用发票（100%该批到货货物合同价格，买方另有要求的除外）办理相应货物交货款支付申请手续。

三、结算方式多元化

国家电网公司积极支持链上企业健康发展，创新结算管理模式，实行合同结算单据在线办理，合同结算业务智能化管理，应付款项主动办理，为链上企业提供"e融资"服务等多元化结算办理方式，开拓供应商"云服务"新思路，有效缓解链上企业资金压力。

（一）合同款项"云结算，智能化"

积极推动结算业务智能化管理，借助系统多角度、可视化监测、统计和分析功能，监控单据办理、货款支付等关键业务环节。试点开展电子发票与数电票"一网通办"业务，完善电子发票与数电票的受票流程，实现纸质发票接收、电子发票及数电票上传、接收、解析、验真及预校验等主要功能，自动对接结算数据，实现付款申请"一键推送"、资金计划自动形成、付款全流程无纸化办理，完成从单一纸质发票到三种发票兼容的"云结算"模式转型。

（二）款项支付"主动办，零逾期"

建立款项支付监控预警，健全完善物资合同款项及时支付长效机制，实现物资合同款项支付"零逾期"。以解决供应商融资难、签单难、回款慢等难题为出发点，发挥集团化运作优势，款项支付申请由以往"厂家应该做"转变成"我们主动办"，根据款项支付监控预警情况，及时主动开展结算单据及款项支付办理，供应商结算一趟不用跑，营造风清气正的良好营商环境，实现供应链协同高质量发展。

（三）链上企业"e融资，促共赢"

依托电"e"金服提供融资服务，缓解供应商资金压力。以物资采购合同为基本依据，采集物资采购合同应付账款的相关数据，并以与订单相对应的应收账款为第一还款来源，为供应商提供融资服务，将国家电网公司资信优势转化为供应商提前回款的经济效益，改善上下游企业资金流和财务状况，降低企业资金成本，缓解企业资金压力，实现产业链企业协作共赢。

四、业财协同一体化

采购合同管理工作质效，特别是合同签订效率、合同结算质量等关键业务管控能力，与企业投资、资金精益化管理息息相关。国家电网公司在绿色现代数智供应链建设过程中，注重将财务多维精益管理与采购合同全场景管控相结合：在业务层面持续优化合同审核、请款等工作流程；在管理层面建立专业间各层级的沟通协调机制；在信息系统建设方面通过跨专业场景融合应用、业数信息共享、业务协同联动，推进"业、财、税、银、票"等智能结算应用，推动业务进展、资金需求与融资安排的无缝对接，以业财融合推动精益规范管理，服务公司提质增效。

（一）发票作业协同

以业票联动为重点，通过发票与合同、订单的自动关联、精准匹配，智能填单、提高物资合同结算效率。国家电网公司积极推进业财税三方数智协同，促进发票智能结算场景落地应用。通过一系列系统数智化升级，物资到货交付后自动推送开票信息至供应商，全面支持增值税普通发票、专用发票、电子发票的在线登记，发票信息登记后自动与合同到货信息进行关联对比，同时调用国税系统及发票池进行票面验真，实现发票全自动校验。结合电子发票的推广进度，适时开展电子发票登记、自动发票校验、自动付款业务的探索，真正意义上实现发票结算全流程智能化、无纸化。

（二）付款申请协同

物资结算人员依据物资采购合同约定开展结算工作，结算人员负责采购合同结算单据的收集和付款申请的编制工作，并按照合同约定的金额、付款节点、付款比例，结合供货进度及系统信息编制和发起预付款、交货款、验收款、结清款的付款申请。此外，考虑以往编制付款申请时会出现供应商名称变更、账号信息有误等原因导致支付失败的问题，系统支持财务部门手动退回付款申请，有效防控资金风险。同时，国家电网公司深化产业链金融合作，创新履约保证金保险"线上化、场景化、无感化"办理模式，为供应商提供了便捷的融资服务。

（三）资金计划协同

物资供应管理单位负责物资采购合同承办及资金支付申请等工作，组织收集物资结算票据，跟踪和督促票据传递，依据合同、票据、单据，使用 ECP、ERP 等系统工具，精准编制物资资金用款计划，为财务部门月度乃至日资金用量的精准排期（"月排程""日排程")提供了有力支撑。财务部门借助信息系统，以标准 WBS 架构为基础，以采购订单管理为脉络，以工程概算、预算、核算、决算等价值管理为主线，实现流程规范、标准统一、职责清晰的工程全过程管理。财务管理部门、物资管理部门、项目管理部门协调优化资金预算与支付流程，确保各阶段款项在达到启付时间节点后，按照合同约定"应付尽付、限期完成"。

（四）支付信息协同

结算支付业务中，财务结算与合同结算实时在线协同。一是财务预算按照合同结算付款申请中的支付金额进行预算提报；二是财务结算按照合同结算付款申请中的支付时间和付款方式开展支付；三是财务结算的支付状态按照合同结算付款申请中的支付凭证回传，确保款项支付闭环管控。

其中，财务部门负责核对支付款项是否已记账、金额和支付比例是否正确、供应商账号是否正确等信息，并根据付款申请支付日排程要求在期限内完成付款，同时将支付结果，特别是支付失败的款项及时反馈至合同结算环节。

五、支付管控数智化

国家电网公司坚决贯彻落实党中央、国务院关于优化营商环境、支持民营企业发展的决策部署，依法治企严格执行企业合规管理制度，以合同结算全过程闭环管理为牵引，建立结算合规管理体系。

（一）合规监控机制

为解决供应商资金难题，国家电网公司主动转变角色，全力服务电网物资供应链合作伙伴。在总部层面和各省公司均部署了"两金一款"预警系统，系统实时计算、自动判断合同款项是否满足付款条件，通过自动预警提醒及工单督办，督促项目单位主动发起电子单据办理流程。单据办结后系统自动触发支付申请。通过在线监控采购合同、款项办理进度，确保"应付尽付、应付快付"。并面向供应商提供支付进度查询功能，助力优化营商环境。

（二）支付管控机制

1. 数据互联互通

依托数据中台，将"两金一款"相关数据从 ECP、ERP 等多个业务系统进行统一接入，将关键业务数据进行整合贯通，有效解决以往因涉及计划、采购、供应、财务、项目单位等多个部门分工造成的信息传递不畅和统计口径不一致问题，打破跨专业业务环节间的数据壁垒，真正实现数据互通互联，为"两金一款"的监控和分析奠定数据基础。

2. 监控预警功能

监控预警功能主要针对"两金一款"进行监控预警。通过系统在线采集合同执行过程中的合同签订日期、保函登记日期、收货日期、验收日期、履约保证金退还日期、质量保证期等关键信息，按照合同条款设置监控预警规则，对各类款项的支付条件、支付进度进行监控，每月统计分析、滚动更新，预警潜在逾期风险，做到各类款项全过程在线跟踪预警。

3. 统计分析功能

统计分析功能是建立在监控预警功能的基础上，可从项目单位、供应商、合同款项逾期时间、项目类型等多角度，对逾期订单的金额、条目数进行多维统计，帮助合同结算人员全方位掌握合同款项逾期情况和支付情况。通过对历史数据和趋势分析，及时发现潜在问题，制定管理改进措施，促进"两金一款"管理的优化提升。

4. 自动触发功能

结算所需的发票信息、合同文档、货物交接信息、出入库凭证等结算单据同步传输至财务结算系统，自动触发付款申请和审批流程，全面提升合同结算工作的时效性。应用大数据分析技术，实现预警与动态监测物资合同款项支付的及时性与准确性，保障物资账款"零拖欠""零逾期"，确保资金预算"应提尽提"、合同款项"应付尽付"。

第三节 典型案例

国家电网公司深入贯彻落实党中央、国务院决策部署，积极构建和谐共赢的供应链生态，将绿色现代数智供应链建设理念融入合同结算管理全过程，打造全流程绿色化、无纸化、数字化、智能化的合同结算体系，形成了绿色低碳、数智转型、精益管控等一批全方位多角度管理模式优秀成果案例。

[案例4-1] 绿色低碳，打造智能结算"e服务"体系

一、业务背景

传统物资合同结算业务广泛采用纸质结算单据、人工签字盖章、手动系统操作等模式办理，完全依赖人工，工作效率低下，供应商跑单签字工作繁琐、周期较长、成

本较高。随着集中结算业务量的不断增长，结算周期长、工作纰漏易发，物流、单据流、信息流不同步，结算单据提交时间普遍滞后等问题逐渐凸显。传统结算模式已无法满足业务量日益增加、管理愈加精细、管控越发严格的现代数智化结算管理要求及优化营商大环境要求。物资合同智能结算体系提质增效势在必行。

为贯彻落实党中央、国务院决策部署，努力构建优质营商环境，推进绿色现代数智供应链建设，以解决供应商签单难、回款慢等难题为导向，国家电网公司发挥集团化运作优势，健全完善物资合同款项及时支付长效机制，实现物资合同款项支付"零逾期"。某省公司（以下简称该公司）从人员、工具、流程等因素出发，对物资合同结算业务开展诊断分析，发现现行合同结算过程管理中缺少结构化数据交互、缺少信息技术运用、缺少智能监控校验及预警机制，是影响物资合同结算效率的主要原因。

二、业务实践

为有效解决上述问题，该公司依托移动 App 及供应商服务大厅，聚焦结算单据、供应商服务和发票验审等业务领域，开发 PDA 结算单据、智能客服、财务机器人等功能，全力打造物资合同智能结算体系，以"e 服务"方式为供应商提供便捷的合同结算业务咨询及办理服务。

1. 移动互联：实现单据移动端办理，提升操作便捷性

在结算单据办理方面，该公司基于移动互联技术，全面应用手机端移动 App 电子签章功能。通过将供应商及内部用户有效绑定在开放共享的统一业务平台，利用移动 App 内外网交互功能，供应商可以使用手机实时查询合同订单履约信息，更新现场交货、验收、质保状态，且可通过移动端进行结算单据线上签章，全面实现结算单据电子化操作，如图 4-2 所示。

移动 App 电子签章利用结构化数据技术，改变了传统的现场审核、人工办理业务模式，实现交货款、验收款、结清款中款项办理所需的单据线上发起，以及项目单位、供应商、物资供应管理单位多方在线确认，实现结算单据信息全程线上化与可视化流转、结算单据无纸化存储与实时查阅，为国家电网公司全面打造"资金零延迟支付"的智能结算体系提供支撑。

2. 智能客服：畅通信息沟通渠道，提升供应商满意度

在供应商服务方面，物资合同智能结算体系积极应用人工智能技术，基于移动 App 建设和完善网上智能客服，在供应商服务大厅部署 AI 机器人，全面打造物资结

算智能客服体系。

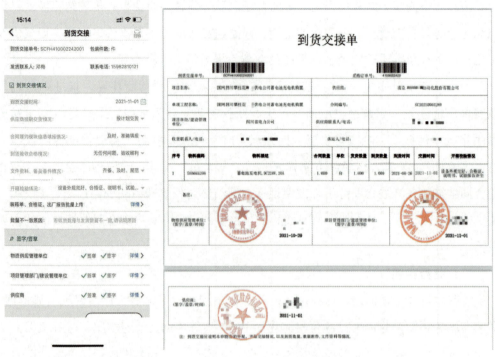

(a) "e物资"移动终端到货交接界面   (b) "到货交接单"单据

图4-2 "e物资"移动终端到货交接功能及电子签章单据

（1）构建物资结算业务智慧知识库，整合专业信息提供智能咨询服务。通过电话、网上服务大厅、邮件等多种信息渠道，全面收集供应商物资结算全流程业务问题，组织内部相关专业技术人员针对供应商问题一一进行解答，形成对履约保证保险、履约保函、合同结算、财务支付等专业热门问题的应答文本，并将应答文本进行整理、分类及规范化以后存储到智慧知识库中。通过智能客服向内部人员及供应商提供数据共享及业务咨询服务（见图4-3），有效提高物资专业内部业务信息关联度、整合度。

（2）部署现场智能客服机器人，引导供应商高效办理业务咨询。在供应商服务大厅部署AI智能机器人（见图4-4），替代大量人工应答工作，引导供应商业务办理。AI机器人利用OCR识别、语音识别等技术，精准定位问题关键词，从知识库中检索出关键词对应的规范应答文本，以电子客服、语音助手等方式自动答复合同结算、资金支付等业务问题，显著降低供应商咨询等待时长，有效降低大厅人工回复工作量，大幅提升内外部沟通和业务办理效率。

图 4-3 网上服务大厅智能客服工作场景图

图 4-4 服务现场智能客服机器人

3. 智能提升：构建智能结算体系，实现全流程自动化

该公司将结算单据电子化与财务机器人相结合，构建全流程自动化的物资合同智

能结算体系。供应商或需求单位通过移动 App 或内外网计算机办理物资合同结算单据，实现单据从"线下"到"线上"的全程在线签署，结算单据签署后自动触发财务结算流程。财务机器人接收结算单据信息，自动与合同订单信息、发票税务信息、出入库信息等进行校验后，发起资金计划申报及结算过账流程。此举大幅减少手动录入支付信息、扫描结算单据等人工操作，平均每笔资金计划创建时长由原来的 10min 缩短为 1min，资金计划提报工作效率大幅提高，结算自动化水平显著提升，同时结合单据结构化影像自动传输功能，实现结算资料电子化、档案信息化、归档自动化的落地实施。

三、管理成效

1. 效率提升，有效释放人力资源

从外部供应商应用情况来看，使用移动 App 电子签章，平均签单时间由 3 天缩减为 1 天，供应商足不出户即可完成签单，签单方式更加便捷，签单效率也提高了 3 倍以上。该公司自推广物资合同智能结算体系以来，已有 2807 家供应商注册应用移动App，移动端电子签章使用频次月均为 11380 人次。数据表明，该功能的实用性和经济性受到了广大用户的认可。

从国家电网公司内部结算人员来说，结构化单据作为资金计划创建的基础依据，已经通过移动 App 实现自动生成和采集，并结合财务机器人实现资金计划自动发起，有效地将资金计划创建及流转审批时间由原来的 8 天缩减为 1 天，同时规避了人工创建时可能出现的错误，更加高质高效地完成资金计划工作，工作效率提升 8 倍左右。同时，电子签章生成的结构化电子单据可实现签章签字自动校验、关键信息自动验审，有效保障了结算单据的正确率，减少了人工审核及验证环节，相关业务人员由 21 人缩减为 7 人，工作效率显著提升，人力成本大幅降低。

2. 效益显著，有力促进降本增效

结构化电子单据的全面应用，有效解决了供应商跑单难、费时间、耗成本问题，真正实现了结算单据办理"一趟不用跑"。自"e 服务"上线以来，每月约有 2000 人次供应商通过应用结构化电子单据实现全程无接触业务办理。据估计，该公司智能结算"e 服务"体系可帮助省内外供应商节约办单成本约 3600 万元/年。

物资合同智能结算体系基于人工智能及移动互联技术，有效保障业务系统信息流、业务流、资金流畅通，实现内外部用户之间结算信息融通共享，极大提高供应商满意度，全面提升该公司物资结算业务的数字化、信息化发展水平。

[案例4-2] 数智转型，实现合同结算业务智慧提升

一、业务背景

2021年12月起，国家税务总局先后在多个省市开展全面数字化的电子发票（简称数电票）试点工作，受票方可接收试点地区的部分纳税人通过电子发票服务平台开具的发票，这意味着在数电票改革完成前，纸质发票、电子发票与数电票会并存一段时期，这将对结算系统的兼容性产生极大挑战。

国家电网公司积极贯彻落实国务院《保障中小企业款项支付条例》要求，聚焦物资合同款项支付及时性，保障供应商回款及时，纾解供应商资金困境，优化营商环境。同时面对外部复杂的营商环境，加强资金风险防控意识，保证资金支付准确性，强化结算系统管控，提升资金支付安全风险防控水平。

二、业务实践

为解决上述问题，某省公司（简称该公司）运用前沿技术，通过完善结算款项智慧监控、多票一网通办、付款申请无纸化办理等举措，不断推动合同结算业务数智化转型，发挥集中结算优势，持续优化营商环境，服务国家电网公司和供应链上下游企业高质量发展。

1. 合同款项结算管控"智慧监控"

款项结算是供应商最为关注的问题，也是买卖双方良好合作的保障。为保障物资合同款项快捷结算，该公司积极推动业务智能化管理，开发"云结算"系统管控功能，包括每日业务播报、款项办理总体情况、款项时效性分析、滞付原因分析及履约单据办理监控等8大模块，通过多角度、可视化对相关款项进行监测、统计和分析。同时，围绕单据办理、货款支付等关键业务环节设置9个监控点，针对责任人开展预警、督办，协同各专业消缺处置，完成闭环管控工作。发票收取之时起至付款申请推送至财务系统之前，基于事前校验、事中核验、事后查验的原则对每个环节都设定相应检验标准，对于满足条件的才可以自动生成付款申请，进一步筑牢资金安全防线。

2. 电子发票与数电票"一网通办"

该公司紧跟财税政策，对电子发票与数电票进行了深入调研，基于其文件版式、数据交互、票面解析等方面的特点，依托"供应商网上服务大厅"开发电子发票与数电票的受票流程，实现"一网通办"。供应商可在该公司"供应商网上服务大厅"授

权办理电子发票或数电票受票业务，系统自动关联采购订单信息，供应商上传电子发票或数电票后，"云结算"系统可自动完成发票信息接收、解析、验真、关联订单预校验及异常信息推送、验证信息查询等功能。

3. 付款申请业务办理"无纸化"

基于"云结算"系统及付款申请单电子化审批，该公司以推进业财融合和物资款项动态清零为目标，实现电子付款申请单推送财务资金排程功能，实现付款申请单"无纸化"办理。持续优化付款申请单审批流程，系统可按照各合同款项支付条件自动计算"最后支付到期日"。向财务部门推送次月资金预算时，结算部门只需按照"最后支付日期"筛选付款申请数据，即可将相关数据"一键推送"至财务系统。财务部门线上接收付款申请后，可通过同一支付日期、同一供应商原则，选择次月预支付时间，系统将自动形成最优次月资金计划。此外，考虑在以往资金支付时，偶尔会出现供应商名称变更、账号信息有误等原因导致支付失败的问题，系统可支持财务部门手动退回付款申请，有效防控资金风险。

三、管理成效

1. 物资款项精益化管控，持续优化营商环境

优化"云结算"业务流程，通过系统功能开发与数据治理，该公司针对供应链各环节形成智慧管理方案，款项办理周期从 7 天缩短至 1.5 天，实现资金支付与招标采购、合同履约环节高效协同，供应商回款不再延迟。

2. 多种发票结算兼容，带动全链数字化升级

积极响应国家财税政策，深化业财融合，依托供应商网上服务大厅和"云结算"系统，完善电子发票与数电票的受票流程，实现纸质发票接收、电子发票及数电票上传、接收、解析、验证真伪及预校验等功能，并与财务系统对接，完成从单一纸质发票到纸质发票、电子发票与数电票三种发票兼容的结算模式转型，建立高集成功能、高安全性能、高应用效能的"云结算"管理平台，推动物资合同结算业务数字化转型，带动供应链上企业数字化升级。

3. 资金支付智能管控，促结算业务提质增效

全面升级"云结算"系统，线上推送物资付款申请，根据每笔款项合同规定的付款期限，自动安排预计支付时间，并形成次月资金预算，精准管控每一笔支付资金，实现付款申请全流程电子化管理，确保合同款项结算及时率 100%。据统计，该功能上线后，公司年均可节省约 10 万张 A4 纸的纸质单据，相当于减少碳排放量 9t，助力

企业降本节支，提质增效，助力供应链绿色数智发展。

［案例 4-3］精益管控，筑牢合同结算合规防线

一、业务背景

近年来，全面从严治党、全面依法治国力度不断加强，社会主义法治建设不断发展。随着国有企业进一步融入市场经济，国有企业依法合规工作越发重要。

国家电网公司深入贯彻落实依法治企战略，严格执行企业合规管理制度，持续推进法治建设、高标准建设法治企业，坚持把依法治企理念贯彻于生产经营全过程。国家电网公司以讲法律、重合同、守信用、负责任为准则，在系统内开展"两金一款"全面清理工作。以绿色现代数智供应链建设为依托，加强完善系统功能，优化业务管控流程，强化专业间协同，全力提升物资合同结算效率，努力优化营商环境，实现物资合同款项零逾期支付。

二、业务实践

为贯彻落实国家电网公司物资合同账款全面排查与清理要求，某省公司立足工作实际，把合规管理渗透到物资合同结算业务环节中，以物资合同款项支付零逾期为着手点，细化合同结算管理全过程管控，提升结算管理水平和风险防范能力。

1. 依法合规，构建合同结算管理体系

（1）树立全程闭环管理理念。提出合同结算业务全新管理思路，改变原有的合同结算管理重视支付结果、轻视支付手续办理过程的管理模式，将合同结算的前期准备阶段到终止阶段全流程业务纳入管理，达到合同结算全流程管理闭环。

（2）规范合同结算标准作业。在《国家电网有限公司物资合同承办管理办法》的基础上编制《合同作业指导书》，规范合同结算业务的操作流程及标准化作业，明确规定各项操作要点及各环节注意事项，辅助合同结算人员掌握各项操作，防范合同结算业务中的违规操作风险。

（3）开展合同结算专项培训。通过线上线下形式开展专业理论培训、法律制度培训、操作技能培训等，汲取先进的合同管理理念，普及法律知识，明确岗位职责，强化规范管理意识，全面提升合同结算管理水平及风险防范能力。

（4）动态督导合同执行情况。以资金支付为抓手，明确合同履行关键点，对合同履行情况进行定期和不定期的监督检查，定期形成合同履约分析报告，通报合同执行进度、资金支付情况、合同履行质量等情况，促进合同履行和款项支付全程透明可视。

（5）明确职责建立监督体系。以监督考核为手段，进一步规范合同结算业务流程，提高合同履约人员责任心，建立"职责界限清晰、责任分工明确、违规违纪追责"的合同结算全链条责任管理体系，实现合同结算工作的有痕迹、可追溯、能考核。

2. 精准实施，推进合同款项应付尽付

（1）建立结算管理长效机制。放眼合同结算管理全过程，建立长效机制，全力保障合同款项零逾期。定期组织召开例会，抓好单据办理、发票提交、资金安排等重点工作，协调重点难点问题，优化款项支付流程，确保全部款项按期支付。

（2）实现结算单据线上办理。适应新形势下结算业务需求，实现全部结算单据签署线上流转，推进物资合同结算单据电子化全覆盖，真正向"业务不跑路"转型，彻底解决供应商跑单难的困扰，大幅降低供应商差旅成本支出，助力供应商资金回款效率。

（3）强化合同结算专业协同。加强款项支付跟踪预警管控，强化平台预警功能应用，定期开展合同款项梳理，各专业部门建立常态化协同工作机制，提前做好资金预估，精准提报付款计划，逐笔协调支付排程，确保物资款项应付尽付。

（4）深挖合同结算数据价值。充分挖潜大数据价值，将大数据与合同管理有机融合，透视合同管理操作效率，提供精准的决策支持和风险预警，为企业决策层输出具有高附加值的决策成果，真正实现用数据对话、用数据决策、用数据服务、用数据创新，赋予合同管理更多的智能化、数字化意义。

三、管理成效

该公司通过构建合同结算管理体系，实现合同结算全过程闭环管控，保障全过程依法合规；加快合同结算数智化转型，强化协同精准实施，确保合同款项应付尽付，合同结算管理质效实现新提升。

1. 物资合同管理规范水平进一步增强

通过加强合同结算前端预警、实施合同结算全过程管控、开展合同结算事后追踪、深挖合同数据价值的闭环管理举措，该公司取得了合同结算管理全流程耗时缩短、规范度显著提升、风险大幅降低、员工法律意识显著提升等管理成效，有效解决了合同结算管理历史留存难题，加快一步实现合同结算管理进阶，全方位补全合同结算管理漏洞和薄弱环节，提升结算管理水平和风险防范能力，确保了企业利益最大化、法律风险最小化。

2. 物资合同款项支付效率进一步提升

该公司严把合同款项结算"逾期关"，从物资合同款项支付预警数据深挖管理问题实质，结合发现的问题制定有效整改措施，不断提升合同结算管理水平。加强合同结算管理的全流程优化和闭环管控，细化合同结算管理的颗粒度，强化合同执行的穿透力，排除潜在性风险，大幅缩短合同结算时长，实现物资合同款项支付零逾期。目前该公司已连续两年实现物资合同款项"零拖欠、零新增"，合同结算质效得到显著提升。

第五章

合同变更、中止、解除与违约处理

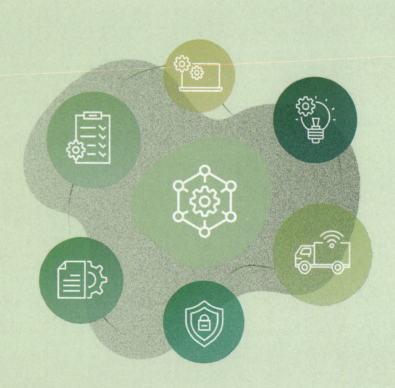

本章主要介绍国家电网公司在绿色现代数智供应链创新实践中，针对工程建设实际情况，为满足项目需求保障物资供应，在物资采购合同数量变更、组部件变更、合同全部或部分解除与违约处理等方面的创新做法及先进经验。在合同变更、中止、解除及违约处理过程中，建立了符合供应链合规要求的、业财法协同的管理机制，运用丰富的数智化手段，实现了各种特殊业务的单据电子化、业务线上化，以及业务的实时监控预警，最终达到了变更、中止、解除及违约处理等业务高效便捷，工程需求快速响应，风险防控水平全面提升，合同履行依法合规等实施效果。

第一节 合同变更管理

国家电网公司在输变电工程建设尤其是特高压工程建设中，总结提炼物资合同变更管理经验，形成了涵盖全面、流程严谨、依法合规的物资合同变更管理机制。

一、合同变更概述

（一）合同变更的定义

合同变更，是指合同成立之后，尚未履行或尚未完全履行之前，基于当事人的约定或法律法规、政策的直接规定，不改变合同主体仅就合同关系的内容所作的变更。合同变更应当依法合规，具有充分、合理的理由或依据。

在合同履行过程中，出现合同一方因企业主体的吸收合并或转让导致的合同主体发生变化的，视为合同转让（详见二维码），不属于合同变更。

（二）合同变更的类型

根据引起合同变更的事项原因，合同变更分为因技术变更引起的合同变更和因商务原因变更引起的合同变更两种类型（详见二维码）。

国家电网公司物资采购合同统一合同文本（2023版）关于合同变更的约定

因技术变更引起的合同变更，是指在合同履约过程中，项目管理部门/建设管理单位对合同货物数量、规格参数等事项的变化引起的合同变更。该类合同变更主要适用于因工程项目需求发生技术变更，需要对合同货物数量、规格参数、组部件、二级供应商等事项进行变更的情况。

因商务变更引起的合同变更，是指在合同履约过程中，因合同商务事项引起的合同变更。这里的商务事项主要包括以下两种情况：①合同主体的企业名称、注册资本、注册地址、新增经营范围、企业类型等营业执照信息变更和开户银行及账号等信息变更；②因国家法律法规政策或行业标准的变化引起的合同税率、支付比例、支付方式、相关条款等内容变更的情形。

1. 因技术变更引起的合同变更

因技术变更引起的合同变更一般会引起合同价格的变化，需要对合同价格等商务内容进行同步变更。对于由项目管理部门明确"变更后技术性能等同或优于变更前"且供应商书面确认不涉及价格变化的，或新增货物供应商书面承诺免费提供的，则不涉及合同价格等商务内容的变更。

因技术变更引起的合同变更，严格执行"两单一协议"流程办理，即审核技术变更单、商务变更单，签订补充协议。以 ERP、ECP、数字化法治企业建设平台为支撑，"两单一协议"变更已形成成熟且流畅的数智化业务流程，实现了合同变更线上流程可追溯、可跟踪。具体流程见图 5-1。

（1）技术变更规则。在工程项目建设过程中，常常遇到各种实际情况的变化，工程项目对物资的需求也随之变化，需要对物资合同进行相应的变更，以满足工程项目建设需求。但基于招投标合同的特殊性和严肃性，合同变更的数量不应随意增减，物料范围不应随意调整，合同变更应在限额之内开展，以防范合同变更的法律合规风险，杜绝应招未招、规避招标等情况。

批次采购合同拟进行变更的，项目管理部门/建设管理单位应严格依据合同、现场物资需求情况确定合同变更事项。主要包括以下四项规则：

1）合同物资规格型号发生实质性变更，或合同供货数量予以增加，增加金额不超过法律或合同允许变更上限时，由项目管理部门/建设管理单位向物资供应管理单位递交合同技术变更单。技术变更单应严格依据合同、现场物资需求情况填写，项目管理部门/建设管理单位应对技术变更单的依据进行严格审核，同时做好资料留存。

2）如合同增加金额超过法律或合同允许变更上限，变更或新增物资需求重新纳入采购计划管理，由物资管理部门重新组织采购。

3）影响工程成套供应的紧急情况下，符合法律法规可不招标采购条件的，经原合同会签部门审签和相关审批后，可履行合同变更手续。

4）针对重大变更事项，项目管理部门/设备管理部门需签报审批后，方可办理技术变更。这里的重大变更的内容包括：技术路线变化等引起的重大变更，合同物资非主体、非关键性工作分包事项，其他重大变更事项。

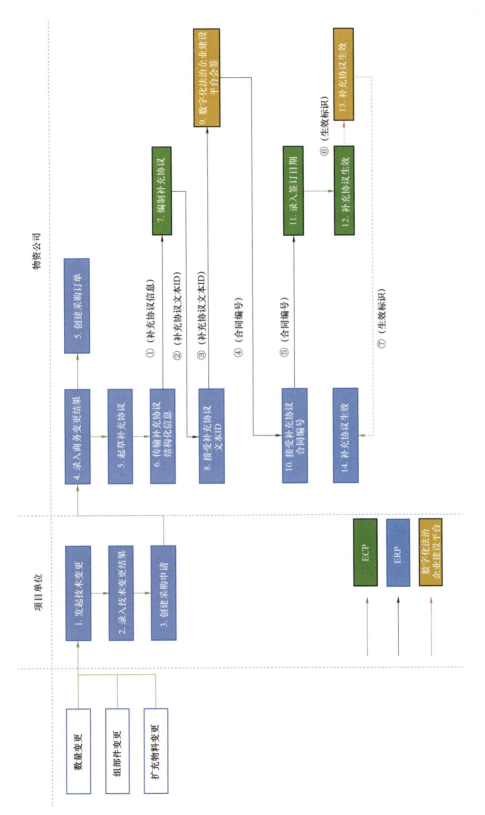

图 5-1 因技术变更引起的合同变更流程图

（2）商务变更及查价规则。因技术变更导致合同价格变化的，由物资供应管理单位对合同价格变化等商务事项进行确认。变更金额根据原合同单价、数量等计算。由于工程投资主体和标段划分不同，将同一标包拆分为多个合同签订，原合同中没有单价依据的，可依据原标包相同规格型号的物料价格确定。

批次采购合同中，原合同发生原材料、组部件、二级供应商等变更，且变更后物料无单价依据，确因工程紧急等要求需进行变更的，各级物资供应管理单位组织开展分项价格查询，按照一定的查询规则和优先顺序确定分项单价。

查询分项价格需要按照物资名称、货物描述、规格型号严格一致的原则开展。按照采购批次由近到远，查询 1 年内（从查询申请之日起往前计算）中标单价；按照本工程原供应商、本工程其他供应商、其他工程原供应商、其他工程其他供应商的优先顺序，确定分项单价；若同一优先级查询到多个分项价格时，原则上按最低价格确认分项单价。

若未查询到历史分项价格的，由各单位招标采购管理部门组织向供应商询价等其他方式确定分项价格，作为变更价格依据。

2. 因商务变更引起的合同变更

因商务变更引起的合同变更，分为合同主体商务信息变更和商务条款变更两种情况。

（1）合同主体商务信息变更。因合同主体企业名称、注册资本、注册地址、经营范围、企业类型等营业执照信息变更的，或开户银行及账号信息发生变更的，主要由ECP 统一管控，各级单位同步更新执行。

利用 ECP 对合同主体的营业信息进行集中统一管控，由国家电网公司供应商服务中心统一受理供应商的企业名称、开户银行及账号等信息的变更业务，接收并审核更名通知、新印章印模、开户证明材料、变更后"三证合一"企业法人营业执照副本复印件、账号变更函等资料，及时准确更新平台信息。依托信息系统间数据贯通优势，将更新后的信息同步共享至国网主数据管理平台（MDM）、ERP 等相关系统，为后续合同履约及结算流程提供准确、完整的合同主体商务信息。各级单位的物资管理部门同步做好过程资料、支撑表单的收集并执行使用最新信息，确保变更内容、系统信息与实际执行保持一致。

（2）合同商务条款变更。在合同履行过程中，可能会遇到国家法律法规政策或行业标准、规则的变化，由此引起合同税率（详见二维码）、支付比例、支付方式等条款的变更。发生此类变更时，应当开

延伸阅读

国家电网公司物资采购合同管理办法关于税率变更的规定

展合同商务变更,以满足合同合规管理的要求,避免因与相关规定冲突导致的合同解释及执行问题。

发生商务变更时,由物资供应管理单位组织专题会议讨论确定处理方式,并出具会议纪要或工作联系单作为变更依据,组织供应商开展补充协议签订工作,合同另有约定无需签订补充协议的除外。

二、合同变更风险管控

合同变更原因不合理、变更事项不准确等情况,极易导致合同争议与诉讼,影响企业合规经营。因此,在合同变更过程中,应做好以下风险管控:

(1)加强采购前端管控。加强需求计划提报管理,提高需求计划提报准确性,从源头控制或减少合同变更情况。

(2)严格合同变更原则。经过招投标程序而订立的合同具有一定的特殊性,根据《招标投标法》规定,招标人和中标人不得再行订立背离合同实质性内容的其他协议。在项目实施过程中,因发生不可抗力、设计变更、客观情况与招标时有重大变化等情况,合同双方可以基于合理合法的理由,对招投标文件中的某些非实质性约定内容进行变更。

(3)加强合同变更审核。突出主责,由项目管理部门/建设管理单位对合同变更(技术部分)确认单的依据进行严格审核,审核内容包括合同信息、变更原因、支撑依据、幅度范围等。商务变更针对不同的物资种类、变更金额,设置不同级别的审批流程。

(4)签订合同变更补充协议。商务变更审批完成后,需与供应商签订补充协议。补充协议应与变更确认单的内容一致,并经过经济、法律的审核,完成签署。

(5)实施合同变更闭环管理。项目管理部门/建设管理单位、物资供应管理单位应做好合同变更资料留存及归档,利用线上可视化管控手段,加强合同变更的合规性。合同变更的依据、内容、过程、结果应与物资采购供应计划、实际到货、物资合同结算、项目竣工决算等内容相符,完成合同变更闭环管理,提升合同管理规范性。

第二节 合同中止与解除管理

在合同实际履行过程中,可能出现影响合同正常顺利履行的各种因素,造成合同履行困难,甚至不能履行。本节内容针对实际工作中出现的具体情况,分别阐述合同中止与解除的定义、情形、机制及管控要点。

一、合同中止管理

（一）合同中止的定义

合同中止，即合同的效力因某种原因的发生而暂时停止。合同中止履行期间，权利义务关系依然存在，在引起合同中止的情形消失后，合同继续履行，合同的权利义务关系恢复效力。

（二）合同中止的情形

除《民法典》规定的合同中止履行情形外，国家电网公司在物资采购合同业务实践中，还存在以下几种引起合同中止的情形：①合同一方正处于资产重组阶段，暂停合同履约；②在物资合同货物质量检验过程中，发现合同货物出现质量问题，需要进行整改；③合同一方出现重大履约风险；④合同一方出现不可抗力原因导致的暂时无法履行合同的情形；⑤出现合同约定的其他引起合同中止的情形（详见二维码）。

延伸阅读

《民法典》和国家电网公司物资采购合同统一合同文本（2023版）关于合同中止履行的规定

（三）工作机制

1. 合同中止的协商机制

当出现合同中止情形时，合同一方可提出合同中止履行，若双方协商一致，则合同中止；若双方对合同中止执行未达成一致意见，则可考虑解除合同。

2. 合同中止的处置措施

当合同已发生中止，合同买方可依据合同约定，做出暂停合同供货、收货、暂停协议库存匹配、零星物资商品下架、暂停合同款项支付、暂停各类履约及结算单据办理等处置措施。

3. 中止情形消失的后续处置

当引起合同中止的情形消失或达到双方约定的恢复执行期限时，则合同恢复执行。如合同无法继续履行，双方可协商解除合同，对合同解除负有违约责任的一方应依法承担相应的违约责任。

（四）风险管控

1. 合同中止要有确切证据

当事人没有确凿证据即中止履行合同的，应承担违约责任。合同一方必须要有对方不能履行合同的确切证据。在履约过程中，要注意收集发货通知单、交接单、工作联系单、会议纪要、协商内容、法院文件、书面通知等资料，作为合同中止情形的证据。

2. 合同中止应及时通知对方

合同一方拟中止履行合同时，应当及时通知另一方，通知的形式应当书面、合规和可追溯。同时，还应保存合同对方的回复函件或提供的担保资料。

3. 中止情形消除时应继续履行

当事人提供修正方案，或向对方提供承诺或保证后，应当继续履行合同。如法院撤销协助执行文书、不可抗力情形消失的，应当继续履行。

4. 中止情形无法消除时可解除合同

对于中止履行的合同，履行义务还是存在的，但是合同一方认为中止情形无法消除的，在具备充足证据的情况下，可以提出解除合同。

二、合同解除管理

（一）合同解除的定义

合同解除，是指合同生效后完全履行完毕前，因一方或多方当事人的意思表示，使当事人在合同中设定的权利义务关系终止的行为。合同解除后，对当事人不再具有法律约束力。合同全部解除的，合同双方的权利义务关系即行解除；合同部分解除的，合同双方对已履行部分的权利义务关系继续有效（详见二维码）。

延伸阅读

物资采购合同部分解除与合同减量变更的区别

合同的解除一般存在法定解除、协商解除和约定解除三种形式（详见二维码）。商业实践中，企业可根据实际情况在合同中约定解除方式。

（二）引起合同解除的主要情形

国家电网公司在物资采购合同履行过程中，若发生合同约定的解除事项，经审核通过后可全部或部分解除。

延伸阅读

合同解除的方式

物资采购合同主要存在以下几种引起合同解除的情形：①供应商未能在合同约定的期限内及需求方认可的任何延期期限内交付部分或全部合同设备；②合同设备由于供应商原因三次均未能达到技术性能考核指标，或合同约定或双方在考核中另行达成了最低技术性能考核指标时均未能达到最低技术性能考核指标，且合同双方未就合同的后续履行协商达成一致；③供应商未能履行合同约定的其他义务，且在收到需求方发出的按约履行合同的通知后15日以内仍未能采取纠正措施；④合同一方当事人出现破产、清算、资不抵债、成为失信被执行人等可能丧失履约能力的情形，且未能提供令对方满意的履约保证金；⑤出现合同不能完成履行的不可抗力。

（三）工作机制

1. 双方友好协商解除

当出现了合同解除的情形时，合同双方首先采取友好协商解除方式。合同双方按照分工组织准备解除佐证材料，共同协商确认合同解除原因、合同解除清单、解除合同金额、违约金金额（如需），共同签署物资合同解除确认单。

合同协商解除应签订书面协议，涉及合同违约责任的应特别约定；签订流程与原合同办理流程一致。对于因买方原因解除合同的，需求提报部门/单位应向物资供应管理单位书面说明解除原因；合同解除后，物资供应管理单位应将相关采购需求信息反馈至对应计划管理部门。

2. 单方解除

当合同一方违约事实清晰，无法继续履行合同的，依据合同约定需要解除，但其不配合或无法联系的，按照如下程序办理单方合同解除，具体流程见图 5-2。

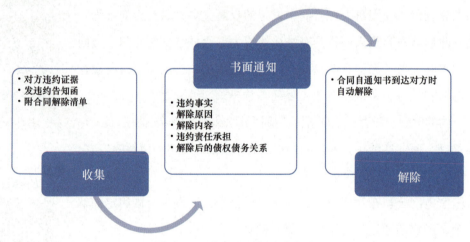

图 5-2　单方合同解除流程图

延伸阅读

国家电网公司物资采购合同统一合同文本（2023 版）关于"通知"条款的约定

（1）违约佐证材料的收集。合同一方应掌握对方违约的证据资料，并据此向违约一方发出违约告知函，涉及多笔合同解除的，需附合同解除清单。合同另一方在接函之日起约定期限内无正当理由不回复、无法联系、明确表示不再履行合同义务或有理由证明其不再履行合同义务的，可进行单方解除。

（2）书面通知（详见二维码）。合同一方拟单方解除的，需向合同另一方送达书面合同解除通知书。合同解除通知书应列明违约事实、解除原因、解除内容、违约责任承担、合同解除后的债权债务关系等内容。合同自通知书到达对方时全部或部分解除。

物资采购合同解除后，优先采取重新招标采购方式确定新的供应商。确因工程建设急需的物资，可调配省内资源或实施跨省调剂。

（四）管控要点

1. 合同解除要有确凿证据

合同解除须符合法律规定或合同约定的解除情形，且需要有证明材料作为依据。

2. 合同解除应执行法定流程

双方协商解除的，要规范填写并审批解除确认单，内容应包括合同名称、解除原因、解除内容、违约事实及处理措施、解除后权利义务等内容，并妥善归档留存。

单方解除时，违约告知函和合同解除通知书必须是书面通知，应包括合同名称、拟解除的合同清单、解除原因、解除内容、合同一方的违约事实、因违约事实导致的损害后果、违约责任承担、解除后续处置等内容。同时，解除通知应注意以下三点：①送达的地点和方式应符合合同约定；②注意发出通知的及时性，应在合同约定的合同解除权行使期限内发出；③应留存通知送达方式、签收证据等送达证据。

第三节　合同违约与纠纷处理

在项目实施中，不可避免地会发生由于主客观原因，导致合同履行过程中出现违约及纠纷等特殊情况。这些情况如果得不到及时、妥善的解决，将产生诸多不良影响。本节内容主要论述合同违约及纠纷处理的定义、情形、机制和风险防控，为合同实践提供指导及借鉴。

一、合同违约处理

（一）合同违约定义

合同违约，是指当事人一方不履行合同义务或者履行合同义务不符合约定的，应当承担继续履行、采取补救措施、赔偿损失或者支付违约金等违约责任，法律规定或合同特别约定不属于违约的除外。

在实际工作中，可能会遇到经过招标、投标、中标程序之后，招标人对招标结果不满意而不与中标人签订合同，或中标人不满意中标结果而拒不签订合同情况。由于双方并没有签订合同，不构成合同违约，但中标通知书对双方仍有约束力，违背诚信原则拒绝签订合同的一方，应承担相应的缔约过失责任，按约定赔偿另一方的损失。

（二）合同违约的情形

在物资采购合同履行过程中，主要存在以下几种合同违约情形：①不配合退还发票或返还超付合同价款；②合同设备技术指标不满足"技术规范书"要求；③到货物资抽检不合格；④供应商违反合同约定迟延交货；⑤由于供应商原因造成工期延误；⑥由于供应商原因导致合同解除；⑦需求方迟延支付合同价款。

（三）处理流程

1. 资料收集及违约索赔发起

根据违约出现的阶段不同，由相应的管理单位负责违约索赔资料收集及违约索赔发起，具体流程见图5-3。

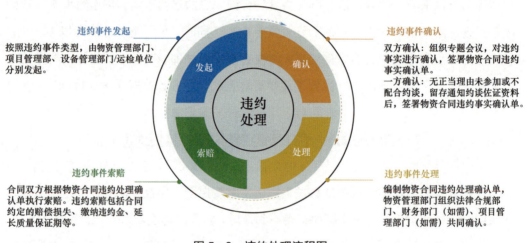

图5-3 违约处理流程图

物资管理部门发起因供应商逾期交货、到货抽检物资质量问题、供应商未按约定确认签署供货单、供应商原因导致合同解除等问题引发的违约索赔资料提供，项目管理部门配合。项目管理部门负责发起因供应商未按约定提供现场服务或技术服务造成工期延误，因产品质量问题导致合同货物不能按期投运等问题引发的违约索赔资料提供。设备管理部门/运检单位负责发起因供应商未按约定处理质保期内发生的物资质量问题引发的违约索赔资料提供。

2. 违约事实确认

合同一方发生违约行为后，应及时组织专题会议，对违约事实进行确认，签署物资合同违约事实确认单。若合同一方无正当理由未参加或不配合约谈，留存通知约谈佐证资料后，签署物资合同违约事实确认单。

3. 违约处理确认

物资供应管理单位编制物资合同违约处理确认单，列明违约责任承担方式，物资管理部门组织法律合规部门、财务部门（如需）、项目管理部门（如需）共同确认。

4. 执行索赔

合同双方根据物资合同违约处理确认单执行索赔。违约索赔包括合同约定的赔偿损失、缴纳违约金、延长质量保证期、核减协议份额及其他补救措施等。

（1）违约方支付违约金、兑付履约保证金或扣除其他合同应付款项。支付违约金的，由财务部门收款无误后，向违约方开具收款凭证。兑付履约保证金或扣除其他合同应付款项的，由合同一方在兑付/扣除后使用函件、邮件等书面方式通知违约方。履约保证金为保函形式的，合同结算人员凭保函和书面索赔通知原件向出具保函的金融机构提出付款通知。财务部门收款无误后，向违约方出具相应凭证。

（2）延长质保期。物资生产及现场安装阶段发生质量问题，由项目管理部门/建设管理单位书面提出延长质量保证期意见及会议纪要等相关材料。工程质保阶段发生质量问题，由设备管理部门/运检单位书面提出延长质量保证期意见及会议纪要等相关材料；物资管理单位按照质保期延长意见及会议纪要等相关资料，确认质量保证期延长时限、质保期延长起算时间、结清款支付等事项。

（四）工作机制

加强合同履行管理，落实各级合同履行主体责任，按照"谁履行、谁处理"的原则，建立合同违约处理、单方合同解除、不良行为处理和履约评价常态机制，明晰责任，细化分工，确保合同履行全程规范开展。

1. 建立合同违约处理和公示机制

落实省、市、县各级单位合同违约处理主体责任，明确处理典型情形，对延迟供货、产品质量问题而影响工程建设和安全投运等六类行为，分别由各级物资、基建和设备管理部门发起处理程序，建立违约处理刚性执行机制，落实合同履行主体责任，对违约行为严格按照合同约定及制度要求进行追责和索赔，严格执行并定期公示处理结果，接受社会监督，引导供应商诚信履约。

另外，由于项目现场情况复杂，项目单位对物资需求既有提前、也有推后，因项目暂缓或停建导致合同不能按期履行的情形时有发生，故因甲方图纸交付延迟或要求提前交货导致物资供货滞后的，原则上不进行违约处理。双方友好协商解除合同的，或因自然灾害等不可抗力因素或政府规划调整等外部因素导致合同未按期履行的，原则上不进行合同违约处理。因供应商原因无法供货，重新采购对工程建设未造成影响的，各单位可结合实际与供应商协商解决，减轻或免于处理。

2. 建立单方合同违约处理和解除机制

强化合同履行过程资料积累，履约协调记录、监造抽检报告、到货验收资料等合同履行文件在线记录、完整保留。优化、精简违约处理和解除工作流程，依据过程资料确认违约事实，对供应商故意不配合等情况，依据合同单方发起违约处理和解除程序。对总部直管工程履约建立"熔断"机制，对供应商生产备料延迟或多次违约导致后续供应风险的，达到"熔断"阈值即启动合同解除程序，通过合同变更、重新采购等方式确定新供应商。

3. 建立重大履约问题协调和不良行为处理联动机制

各单位按时向国家电网公司物资调配中心报送重大履约问题，对于因供应商原因引起的物资逾期交货或无法交货、未按约定确认供货单、现场服务不到位等重大履约问题，同时提报供应商不良行为。对于一定期限内，两家及以上单位提报同一供应商原因导致的重大履约问题，由调配中心组织审核省公司佐证材料，提报供应商不良行为。

4. 建立科学量化的合同评价机制

加大供应商合同履约"一单一评价"力度，客观公正评价供应商履约行为，将供应商违约处理和不良行为处理情况纳入履约评价，强化评价结果与招标采购联动。建立供应商违约处理与合同评价联动机制，因供应商原因进行合同解除、违约处理和不良行为处理后，由买方对该供应商涉及合同的各项履约评价指标进行对应打分。

二、合同纠纷处理

（一）合同纠纷的定义

合同纠纷，是指因合同的生效、解释、履行、变更、终止等行为而引起的合同当事人的所有争议。合同纠纷的内容主要表现在争议主体对于导致合同法律关系产生、变更与消灭的法律事实及法律关系的内容有着不同的观点与看法。合同纠纷的范围涵盖了一项合同从成立到终止的整个过程。

（二）纠纷的处理机制

合同纠纷处理方法包括协商、调解、仲裁、诉讼。在物资采购合同纠纷处理中，主要是以友好协商为主、法律手段为辅的方式，妥善处理合同纠纷。纠纷处理由发生纠纷的履行主体负责，对合同双方的争议焦点进行分析研判，积极主动沟通，在友好协商的基础上，保障各方合法权益，寻求双方的利益平衡。对涉诉的纠纷，加强案件管控，防范重大法律风险。

1. 严格职责分工及责任落实

纠纷案件管理遵循"集中管控、分级负责"原则，即对案件管理工作实行统一管控，各级单位实行案发单位负责制。对各单位案件进行全面管理，指导、协调案件工作共性问题，并对各单位案件管理情况进行监督、检查、考核。各级单位落实主体责任，妥善处置本单位纠纷，做好案件预警分析，及时掌握工作动态，强化对案件重要阶段和薄弱环节的把控。

2. 建立法律风险提示机制

对合同涉及的法律风险进行识别、评估、监测与控制，建立法律风险防范的长效机制，采取有效措施避免或减少合同纠纷发生，提高合同风险管控的有效性，降低合同纠纷对企业带来的不利影响。及时剖析、总结案件处理的经验教训，深入研究分析案件反映出的管理薄弱点、风险点，针对问题突出、风险较大的情况，出具法律风险提示书，并督促落实执行，不断提升依法治企水平。

3. 建立典型案例分析机制

深化典型案例交流制度，定期召开典型案例分析会，根据合同业务特点总结常见的纠纷类型，开展分析研讨，提出应对策略和法律风险管控建议。适时发布诉讼指导案例，选取具有典型示范作用的案件，为同类案件提供借鉴。

（三）纠纷的风险防控

建立合同纠纷处理风险防控机制，以事前防范和过程控制为主、事后救济为辅，进行合同纠纷风险管理，有效降低经营风险，提高企业经营管理水平，树立诚信企业形象。

1. 事前防范

在合同纠纷风险防控机制中，事前防范是基础，通过预控发现实际工作中存在的问题，将问题及其应对措施纳入常态化合同文本修编，建立合同文本的动态优化机制，增强合同文本的合规性和适用性。合同承办部门应认真落实国家电网公司合规管理体系建设工作部署，扎实做好本单位、本领域日常合规管理工作，按照合规要求完善业务管理制度和流程，主动开展合规风险识别和隐患排查，妥善应对处置合规风险事件，及时做好违规问题整改，从源头防范诉讼风险，减少纠纷案件发生。

在物资采购合同管理中，主要防范以下三种纠纷风险：

（1）防范合同价款纠纷。防范此类纠纷应注意以下三点：①贯通合同、财务环节业务数据，在供应链运营调控指挥中心平台建设完善"两金一款"监控预警功能，开展预警和督办；②对各单位"两金一款"单据流转、支付业务方面的工作效能进行量化考核；③合理支付排期，应保证按合同约定期限内向供应商完成支付。

（2）防范变更和解除纠纷。防范此类纠纷应注意以下四点：①加强需求计划提报管理，提高需求计划提报准确性；②应根据施工图设计，提出准确的合同变更需求；③应严格按照制度文件的规定，加强合同变更审查；④应严格合同解除管理，依据合同约定确需合同解除的，严格审核解除原因，按要求办理审批手续。

（3）防范质量纠纷。防范此类纠纷应注意以下三点：①合同对货物质量的约定应当明确；②应严格执行检查验收制度；③到货后应及时验收。

2. 过程控制

过程控制贯彻并渗透于合同管理的每个环节，是纠纷风险防范的关键因素，主要内容包括：

（1）履约主体应做好合同过程资料的收集和保存，作为合同纠纷的证明资料。合同签订单位、项目管理部门、建设管理单位、设备管理部门等各相关部门/单位，应在各自的职责范围及履约环节中充分保存履约记录和过程资料，对纠纷出现的节点进行把控。

（2）积极利用第三方的检测或评估机构，在出现质量问题纠纷时，应当委托第三方机构进行检测或评估，以保证检测结果的公平性和客观性。

（3）对合同条款的适用和法律依据的解读方面，积极寻求法律专业人员与机构的帮助，确保纠纷应对措施依法合规，不出现漏洞。

（4）平等友好协商，寻求合同双方利益平衡。在争议出现时，尽量通过协商方式解决，发挥合同变更、解除机制优势，灵活运用多种方式达成双方的利益平衡，减少合同双方的损失，尽量采取非诉讼方式解决争议及纠纷。

3. 事后救济

事后救济，是指在协商方式无法解决争议时，合同纠纷处理进入诉讼或仲裁程序，各履约主体应积极分析，执行应对措施，积极起诉应诉。对事后救济应及时总结经验教训，加强分析反思，为今后的合同纠纷风险防控工作提供指导经验。

第四节 典 型 案 例

国家电网公司在合同变更、解除及违约处理中，积极探索数字化管理模式，融入绿色数智供应链要求，取得了一系列跨部门协同、多维度提升的信息化成果，对内提升管理质效，对外优化供需关系，促进营商环境优化。本节选取了《合同变更线上办理促进服务透明高效》《创新"业＋财＋法"协同的违约索赔数字化管理》两个典型案例，介绍国家电网公司在合同变更及违约处理方面的优秀做法及典型经验。

［案例5-1］合同变更线上办理促进服务透明高效

一、业务背景

基于电网工程项目建设的业务实际，合同变更业务经常发生，近三年，某省公司合同变更194份，变更金额达5192.46万元，近一半的变更合同属于重点项目工程。按照国家电网公司《绿色现代数智供应链发展行动方案》要求，顺应数字化转型发展需求，聚焦供应链"效率、效益、效能"，该公司合同变更业务需要解决以下两个方面的问题：

1. "两单一协议"中技术变更单线下处理低效问题

"物资合同变更（技术部分）确认单"采用线下审批、签章的模式，在用户线下提报过程中，存在耗时长、流程繁琐、信息传达滞后等问题，对专业协同效率及电网工程建设进度产生一定影响。

2. "两单一协议"中技术变更单人工审核低效问题

在合同变更过程中，由于商务变更审批单与技术变更审批单流转层级不一致，物资供应管理单位经常收到不符合变更规则的单据，如已经到货验收的订单发起合同变更事项。工作人员需要对单据规范性进一步人工审核，影响了工作质效。

二、业务实践

该公司围绕"工作流管控、自动校验、智能签章、信息共享"四大目标，交互贯通系统工作流，最终实现合同变更业务流程线上快速流转、工作可视管控。

1. 实现合同变更信息化

针对"物资合同变更（技术部分）确认单"仍需线下流转、审批的现状，该公司应用数智化手段，使合同变更"两单"的审批过程集成化、可视化，解决跨地域、跨物资专业繁琐的线下审批流程，率先实现合同变更"线下流转"转变为"线上流转"。此外，信息系统作为合同变更管理工作的唯一入口，利用系统的"记忆能力"记录业务流转过程中所有人的操作及每一步操作所涉及的业务数据，方便管理人员线上实时查看工作流各个环节的进度，精准锁定滞留环节，对相关人员进行实时督办，从源头提升工作质效。

2. 增加自动化校验功能

合同变更的数智化功能与 ERP 实时交互，使合同变更基于 ERP 订单，与 ERP 实现强关联，同时实现对变更单据的实时校验，对变更幅度限制，并进一步规范变更类别。对不符合变更要求的订单，由系统自动驳回到发起人工作流。同时，以技术变更及商务变更截止的关键时间节点为抓手，对各业务合同变更的时限要求进行实时监测及提醒预警，有效避免变更滞后情况，实现合同变更全流程业务闭环。

3. 实现系统间共享协同

采用系统集成技术，强化数据共享共用，与结算单据电子化功能相结合，同步嵌入图像信息处理技术，采集供应商、项目管理部门、建设管理单位的签名签章，真正具备线上签章条件。在系统高效集成的前提下，合同变更"两单"完成线上审批后，实时将变更单据进行存储和归档。同时以系统短信方式通知相关人员单据签署完成进度，提升各层级人员的协同度，达到工作开展便捷化、高效化的目标。

4. 自动形成共享化台账

在合同变更"两单"线上审批、签章完成后，信息系统采用数据分析处理技术，对合同变更的订单、金额、耗时等信息数据进行采集、整合、分析，自动统计形成合同变更共享化台账。共享化台账为通报、考核、数据分析提供精准支撑，达到合同变更状态可视化、流程可追溯，切实激发合同变更全要素创效活力，改变线下统计分析方式，形成合同变更全流程线上操作的模式，释放人力资源，真正提高工作质效及管理效能。

三、管理成效

1. 推动信息全面整合，提升工作质效

合同变更信息化与关联系统间互通，促进合同变更工作高效协同与快速跟进，实现单据流转时长由数天缩短至 3h，合同变更信息整合分析效率提升 2～3 倍，物资精益管理运作水平进一步提升。

2. 实现流程精准追溯，有效防范风险

建立健全合同变更全流程节点约束机制，实时跟踪业务审批、签章进度，将督办力度真正落实到人，执行管理责任考核制度，确保合同变更时效性，有效防范工程搁置风险，确保里程碑计划按期完成。

3. 践行双碳责任，保护环境资源

合同变更线上场景应用后，线下流转的变更单据转化为线上流转存档，不仅直接压降办公资源损耗，还减少相关各方跑办频次，此举年均预计减少碳排放量 5t。

［案例 5-2］创新"业＋财＋法"协同的违约索赔数字化管理

一、业务背景

合同违约处理是合同履行过程的关键环节，也是落实采供双方合同责任的重要内容。物资采购合同执行中，供应商因产能不足、原料涨价、质量问题、破产重组清算等原因拒不履行合同造成的违约行为时有发生。针对供应商违约行为，应按合同条款进行索赔，并督促供应商及时承担违约责任。当前索赔过程存在以下三个痛点问题。

1. 证据材料不规范

违约材料审批时间长、管理不规范。因约谈记录原件丢失、供应商用印不规范、催告函快递未留存面单及派件成功未记录等问题导致解除合同效力存在瑕疵。

2. 违约金收取迟滞

由于催缴手段较为单一、供应商履行违约责任意愿不强等原因，违约金迟付、拒付等问题时有发生，对公司合法权益造成损害，引发国有资产流失风险。

3. 业财协同效率低

违约索赔业务作为合同管理的末端，与财务部门款项收取及记账等相关业务存在交集，但业务系统与财务系统处于隔离状态，增加业务沟通成本，影响业务办理效率。

二、业务实践

为进一步规范合同履约行为，强化合同履约管理与执行监督，国家电网公司深入推进物资专业与财务、法律业务相融合，建立"业＋财＋法"协同的违约索赔数字化管理机制，基于合同全流程在线管理开发违约索赔协同管理平台，探索技术创新，优化业务流程，建立长效机制，防范经营风险。

1. 单据"云审签"，违约信息规范记录

推动物资业务的精细化管理，对于存在违约行为的供应商，通过在线履约、合同解除、质控等系统功能，实时掌握合同履约状态，开展物资催交、违约约谈、单据签署，规范起草、留存书面证据材料。开发违约索赔协同管理平台，集成合同解除、供应逾期、质量违约三大类型违约索赔业务，将合同履约过程中的违约索赔事项汇聚至平台统一管理，实现索赔进程在线跟踪、及时记录。

2. 系统自动催办，缴款凭证自主上传

贯通线上业务数据交互通道，根据不同业务类型定制化建设违约金自动催缴功能。通过供应商网上服务大厅、手机短信双渠道发布信息，自动向供应商发送违约金催缴通知，并协同法务人员及时寄发律师函，有效履行催告义务。供应商可自主查询本企业待缴纳的违约金情况，并可上传转账记录，实现违约索赔数字化管理。

3. 业财关联扣款，索赔款项一键匹配

推动 ERP 合同结算与违约索赔业务深度融合。涉及违约管理的单据线上审批完成后，数据自动同步至违约索赔协同管理平台，按业务类型生成违约金编码。业务部门可检索供应商货款支付情况，进行违约金一键扣款；财务部门可汇总录入违约金款项的收取信息，自动与业务索赔单匹配关联；并依据《民法典》中"担保""抵销"等内容，有效利用供应商提交的保函、保险，向银行、保险公司等相关机构主张权利，要求及时兑付违约金。

4. 业法共同出庭，构筑维权坚强防线

以涉法事项处置专项工作要求为依据，对于催告、抵销后仍然欠交违约金的供应商，实施"法务+业务"共同出庭诉讼方式，委派法律专职、业务专职共同担任案件代理人，参加证据交换、庭前会议、开庭审理等工作，现场演示操作相关业务平台，回应原告或法官对业务问题的提问，强化法律纠纷案件处理专业联动，用法律武器维护公司合法权益。

三、管理成效

本案例提出的新型管理机制中，创新点主要体现在数字化管理与多专业协同两方面。通过开发兼容多类型违约索赔业务的协同管理平台，聚合合同全链数据，实时跟踪索赔进度，自动关联物资货款，及时抵扣相关款项；以在线记录替代线下台账，减少业务、财务、法律三方人员沟通成本，在信息化系统应用的基础上，形成催告—抵销—诉讼三步走违约处理方式，探索多专业深度融合的新实践。该机制运行以来，已取得显著成效。

1. 在线管控，违约索赔提质提效

通过业务数字化管理，实现违约索赔单据在线审批、违约索赔数据及时记录、违约索赔进程在线监控。运用系统对违约佐证材料的数量、类型进行限制，在业务发起环节即实现规范化管理，为后期可能出现的纠纷提供支撑，材料退回率减少约20%。经办人实时跟踪业务进程，审核人在线完成审批，减少线下材料编制、交接时间，业务周期平均缩短10日，减少因业务办理周期过长，供应商经营情况进一步恶化，导致违约金无法收缴的情况，维护公司合法权益。

2. 业财协同，违约款项应收尽收

业务系统、财务系统数据互通，实现违约索赔信息跨部门、跨专业共享，经办人在处理本专业违约索赔事项时，可同时掌握涉事供应商在其他专业的违约情况，实现多环节协同管理。违约款项关联物资货款，可实现多项违约事项合并管理、违约金一键扣除，在违约处理方案确定后及时多方式开展违约金收缴，提升违约索赔效率，确保违约金应收尽收。

3. 业法融合，案件管理走深走实

以涉法事项协调例会为抓手，法律部门牵头、业务部门配合，集思广益化解经营风险。自2020年以来，某省公司共组织召开供应商涉法事项处置协调例会15次，梳理涉法供应商80家、明确重点督办事项171条，推动形成工作合力，持续优化涉法事项处置流程。通过"法务＋业务"协同合作、共同出庭等形式，提升供应商涉法事项处置质效。

第六章

框架协议采购合同的执行管理

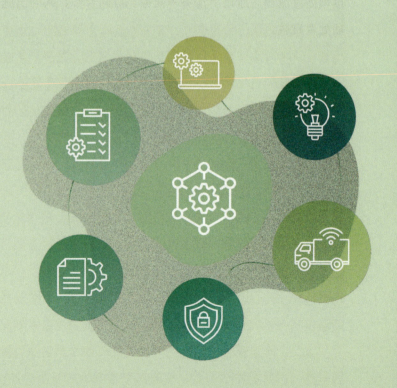

为切实提高物资采购供应工作质效，国家电网公司在组织开展批次采购的基础上，创新实施框架协议采购，进而形成了与协议库存、零星采购相匹配的特色合同管理模式。应用框架协议采购合同❶管理模式，切实有效缩短了物资供应周期，节约了运营成本，为供需双方带来显著经济效益的同时，有力保障和支撑了工程项目建设。本章着重描述国家电网公司框架协议采购合同的概念、合同执行的共性与特色做法，并进行典型案例阐述。

第一节　框架协议采购合同概述

根据采购组织方式的不同，国家电网公司采购合同形式主要包含批次采购合同、框架协议采购合同等。本节主要介绍框架协议采购合同的定义及在国家电网公司应用的实施背景。

一、框架协议采购合同的定义

框架协议采购合同适用于难以确定采购计划的应急、零星需求采购，或者需要频繁、重复组织采购同类工程、货物或服务的情形。通过采购确定协议供应商、单价或定价规则、协议期限、付款方式、服务承诺等内容，发生实际需求时，需求单位按照采购文件约定的方式从协议内的供应商中择优确定成交供应商和单价（折扣率）。

框架协议采购合同管理内容主要包括合同签订、需求确认、合同履行、合同变更、合同解除、违约索赔、合同结算、归档等，框架协议采购活动应用电子商务平台实施，充分发挥公开透明、全程在线的优势，进一步规范框架协议采购合同管理工作流程。

二、差异化实施框架协议采购合同管理的背景

为满足需求频度高、响应时间短、技术标准统一、年度需求数量较大的物资需求，国家电网公司应用协议库存合同管理模式，通过集中采购确定供应商、采购数量和采购金额。根据实际需求，以供货单方式分批要求协议供应商提供相应数量的产品，并据此向协议供应商分批结算货款。

为满足采购品种多、需求频次高、数量无法准确预测且不属于国家法定必须招标

---

❶ 框架协议采购合同是合同双方当事人就合同标的交易达成意向并对主要内容予以确定而订立的合同，其合同的签订分两个阶段，第一阶段采购人确定入围供应商并订立框架协议采购合同，采购人或者服务对象按照框架协议约定规则，在入围供应商范围内确定第二阶段的成交供应商，并订立采购合同或采购订单。

的零星采购需求，国家电网公司应用零星采购框架协议采购合同管理模式，通过适当的采购策略确定一定时期内的供应商，明确物资/服务的品类、单价（或双方认可的计价规则）、配送及服务标准，需求单位可通过电子商务平台实施请购与结算。

第二节　框架协议采购合同执行管理

为了实现经营管理目标、提高采购质量和效率、满足工程建设进度和保障物资供应，国家电网公司不断提升框架协议采购合同执行的管理质量，全面完成合同管理流程及平台的数字化、信息化规划部署。

一、框架协议采购合同的共性做法

框架协议采购合同在国家电网公司的执行管理流程具有一定的共性特征，一般可以概括为四个节点：

（一）框架协议采购合同签署

依据国家电网公司采购结果，合同双方进行合同文本内容确认后，经审核确定单价或定价规则、协议期限、需求确认与付款方式、服务承诺等内容，在 ECP 完成合同双方的签署。

（二）框架协议实际需求确认

依据差异化的物资、服务需求，国家电网公司制定了适应不同需求特点的匹配和确认规则，在框架协议采购合同范围内，需求部门依托制式化的需求确认单据，经相关管理部门逐级审核后，在国家电网公司指定的平台进行实际需求的发布，供应商进行需求确认后，完成实际需求协议双方的签署或确认。

（三）框架协议采购合同履行

框架协议采购合同的履行主要以实际需求协议为载体，合同双方参照实际需求协议进行物资或服务的进度控制和结果确认，但实际需求协议的执行不能超越框架协议的约定范围。确需进行合同变更的，按照实际需求分别对框架协议采购合同或实际需求协议进行变更。当实际需求协议与框架协议采购合同部分内容产生解释差异时，原则上以后形成的协议合同内容为准。

（四）框架协议采购合同结算

框架协议采购合同的结算以实际需求协议为载体，依据物资或服务需求响应的实际结果进行结算金额的核算，合同卖方按照框架合同与实际需求协议约定的方式向买方提供结算凭证后，经买方需求部门与管理部门审核，由买方以约定的方式向卖方进行对应款项的计算。

二、协议库存合同执行管理的特色做法

（一）协议库存需求匹配

1. 协议库存匹配规则

为有效缩短物资供应周期，提升物资需求响应频率，协议库存物资需求每月至少集中匹配一次，紧急物资需求"随时匹配"；匹配规则固化至相应信息系统，开展协议匹配在线管控、匹配结果网上公示。

对于按数量（金额）分包的协议库存，要按照进度均衡总体原则开展匹配管控，在进度均衡的基础上，综合考虑前期配套、运输就近、区域需求整合、本体及附件打包等影响因素，通过不断完善匹配规则（详见二维码），建立了阶梯比例分段控制机制，同批、同类物资，按照 50%、80%、100%、120%阶梯比例进行分段管控，确保协议在同一阶梯同步执行和关闭，实现需求随到随匹、匹配进度均衡，协议执行规范高效。对于按区域分包的协议库存，按照招标文件约定"区域匹配"。

2. 协议库存匹配执行

国家电网公司在 ERP 系统中部署了协议库存采购计划提报与执行结果联动管控功能，实现系统自动平衡利库，智能核减不合理需求，防范因过量采购造成库存积压风险。加强协议执行管控，严格执行采购结果，按照进度均衡原则，系统内嵌匹配规则，加强执行比例管控。在 ESC 平台中开发监控统计功能，实时掌握协议库存执行情况，确保全方位联动管控，主动规避了人为干预带来的匹配不均衡风险，并在 ECP 平台公示协议匹配执行结果，接受内外部监督。

3. 协议库存价格联动

对于受原材料（含有色金属）价格波动影响，生产成本变化较大的协议库存采购物资，国家电网公司在招标文件、采购合同中明确了物资品类、联动原材料、联动公式、联动阈值、联动周期、原材料价格获取方式、基准价格和含量（K 值系数）等执行价格联动机制条款（详见二维码），使合同供需双方能够更好地适应国际原材料价格波动影响，有效地提升供应链保供避险能力。协议库存物资采购价格联动

公式及计算逻辑在 ERP 系统中统一部署，协议库存采购订单创建时可实现自动计算。协议库存价格联动遵循以匹配日前 1 周原材料平均价为基准，每期联动后价格在 ECP 平台对外公示。

（二）协议库存采购供货单签订

协议库存合同存续期间需求单位依据实际货物需求以采购供货单的形式与供应商确定需求。物资管理部门将采购供货单与框架协议进行匹配，从而完成具体货物需求的采购过程。协议匹配完成后，根据匹配结果，ERP 系统生成采购订单，采购订单信息自动上传至 ECP 平台后生成采购供货单。采购供货单明确了每个需求批次采购合同设备数量、交货时间、交货地点及交货方式等信息。存在价格联动条款的协议库存采购合同所属的不同批次采购供货单，其单价及分项价可随原材料价格波动而存在合理差异。

（三）协议库存合同履约结算

协议库存合同履约在框架协议约定内容范围内，以具体采购供货单为执行依据，协议匹配结果下达的采购供货单生效时，系统自动生成物资供应计划，开始进入履约结算管控。该环节主要开展物资生产与发运、货物交接、物资出入库、现场服务、履约评价、结算管理等跟踪管控工作，具体流程与标准合同基本一致。

协议库存合同结算在框架协议约定内容范围内，以具体采购供货单为执行依据，流程与标准合同结算流程基本一致，主要差异为合同履约保证金需依据合同起草过程中选择的提交方式（按框架协议提交/按供货单提交）进行结算。采购供货单在结算凭证收集过程中，凭采购供货单及其履约阶段配套单据完成各阶段款项支付。

（四）协议库存合同变更

1. 协议库存合同限额变更

协议库存按照协议约定采购量的 80%～120% 执行。因抢险应急等紧急项目需求，新匹配需求超过协议执行上限时，可办理"协议库存合同份额调增变更审批单"并签订补充协议，匹配后累计执行总量原则上不得超过约定采购量的 135%。

2. 协议库存采购供货单数量变更

采购供货单增量变更时需重新提报实际需求计划，并签订新的采购供货单，不对原采购供货单进行系统变更操作。

采购供货单减量变更时,项目管理部门/设备管理部门需向物资供应管理单位递交经审批的采购供货单减量变更确认单。物资供应管理单位按照确认单中实际需求量进行收货，按照不含税单价、实际到货数量和税率计算金额并结算，不再签订补充协议，并对因买方原因造成的供货单数量核减部分价款额度纳入未执行份额。

物资供应管理单位根据本单位具体管理要求，通过业务系统或采用其他方式，对买卖双方共同确认的变更手续、结算依据、付款手续等资料进行归档及备案工作。

3. 协议库存合同物料范围扩展

协议库存合同可以按照协议总金额不变的原则，依据物料范围扩展技术确认单和物料范围扩展价格查询确认单，办理物料范围扩展商务确认单，与供应商签订补充协议，在原合同"物资小类＋电压等级"或物料组❶范围内，扩展合同物料范围。

协议库存物料范围扩展技术确认单办理应遵循如下规范：

（1）需注明新增供货物资的物资名称、物料描述、物料扩展描述、物料编码、扩展编码、单位、物料技术 ID 及新增物料估算单价（含税）等关键字段。

（2）对于变压器类物资，扩展物料不得超出原框架合同物资小类或物料组范围；对于其他物资，扩展物料不得超过原框架合同"物资小类＋电压等级"或物料组范围。

协议库存物料范围扩展技术确认单审批应遵循如下要求：

（1）因技术标准更新、需求预测偏差等导致的物料范围扩展，由项目管理部门发起和审批。

（2）因反事故技术措施要求等导致的物料范围扩展，由设备管理部门发起和审批。

针对协议库存物料范围扩展，由物资供应管理单位组织价格查询工作。物料的价格依据按照以下顺序，查询并确认：上一优先级查询到价格的，不再进行下一优先级的查询；同一优先级查询到多个价格的，取最低中标价。

（1）本省同一批次、同一供应商、相同物料最低中标单价。

（2）全网同一批次、同一供应商、相同物料最低中标单价（仅适用主网协议库存采购合同）。

（3）本省最近采购批次、同一供应商、相同物料最低中标单价。

（4）全网最近采购批次、同一供应商、相同物料最低中标单价（仅适用主网协议库存采购合同）。

（5）按照采购批次由近到远，重复执行第③、④项，查询 1 年内（从查询申请之日起往前计算）中标单价。未查询到历史价格的，由本单位招标采购管理部门组织向

---

❶　物料组是在物资小类下，将技术特性、价格特性相近或存在关联关系的多个物料进行分类归并形成的一类具体物资集合。

供应商询价等其他方式确定分项价格，提交本单位招投标领导小组（或办公室）审定后，作为价格依据。

（五）协议库存合同终止与解除

协议库存合同按照合同约定的协议期自然履行和终止。协议期届满，协议供应商订单执行总量在承诺采购总量上下限之间的，终止协议库存合同；协议供应商订单执行总量未达到承诺采购总量下限的，需通过延长协议有效期限予以兑现，延长半年后仍未达到下限的，双方协商终止协议。协议期未满，但协议供应商订单执行总量达到承诺采购总量上限时，终止合同。

协议供应商发生下列情形时，按照合同条款约定，可发出书面通知全部或部分解除合同：

（1）协议供应商迟延交付合同货物超过 3 个月。

（2）协议供应商由于自身原因三次均未能达到合同约定技术性能指标，或未按采购供货单约定交付货物，且双方对合同后续履行未达成一致意见。

（3）协议供应商出现破产、清算、资不抵债等无法继续履行合同。

三、零星采购合同执行管理的特色做法

零星采购合同主要包括零星物资电商化合同和零星服务合同。零星物资电商化合同执行管理主要包括零星物资电商化合同和请购单❶的签订和履行；零星服务合同执行管理主要包括零星服务合同的签订和履行。

（一）零星物资电商化合同执行管理

国家电网公司创新建立 ECP 电商采购专区❷实施零星物资交易管控，采用框架协议与请购单结合的形式开展合同执行管理，通过适当的采购策略确定一定时期内的供应商。专区在基本满足公司各单位对办公用品等零星物资电商化选购的同时，始终立足管理要求，应用技术创新和模式创新，不断强化核心管控手段，提升用户体验，在助力国家电网公司物资管控提质增效的同时，为社会其他央企的零散物资规范管理提供更多思路，促进企业电商市场高质量、可持续发展。

1. 电商化协议签订

电商化协议签订与协议库存合同签订流程基本一致，主要差异为电商化采购合同签

---

❶ 请购单是指公司内部建立的一种适用于零星采购的实际需求确认文件，是需求单位发起物资采购需求的凭证。

❷ 电商采购专区一般是指合同买方指定的履约交易平台"国网商城"。

订后需在线上专区进行零星物资商品目录的上架部署，明确物资的品类（或规格型号）、单价（或双方认可的计价规则）、配送及服务标准，在零星物资采购管控平台开展请购。

电商化采购专区具备商品上架自动审核功能，商品上架审核工作在合同协议期开始前完成，上架商品与成交供应商应答的品牌、价格、型号、图片等信息保持一致，实现操作界面简单直观、采购过程规范快捷、配送服务高效优质的目标，形成了可视化电网零星物资选购平台。

2. 电商化请购单下单

零星物资采购中的实际物资需求订单下达以电商化请购单的形式体现，其执行业务流程和支撑系统与协议库存供货单订单存在一定差异，主要体现在零星物资采购合同执行实时价履约模式或固定价履约模式。其零星、高频、即时响应的物资采购与供应模式，促使实际物资需求订单的生效流程更短，能够更加快捷地响应物资采购的需求。

ECP 电商采购专区请购单创建与确认流程可概括为：需求方在 ECP 电商采购专区选定商品下单，生成请购单并传输至 ERP 系统，在 ERP 系统中完成审批，最终生成采购订单信息并回传 ECP 完成请购单的供应商确认，如图 6-1 所示。

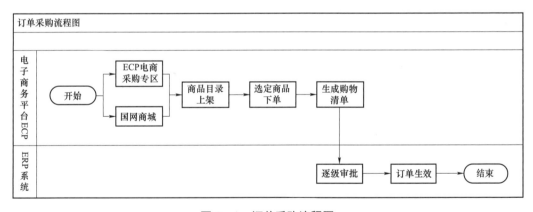

图 6-1　订单采购流程图

3. 电商化请购单履约

电商化请购单作为电商化合同范围内的主要执行依据，是电商化合同履约的主体。

（1）电商化请购单入库执行管理。物资管理部门将零星物资纳入物资仓储管理体系，综合考虑物资抽检和供应时效，因地制宜、科学分类，建立零星物资入库目录，统一开展物资收货、入库、出库工作。不在入库目录范围内的物资，需配送至专业仓或直发现场。

（2）电商化请购单配送执行管理。电商平台搭建端到端服务的物流体系，物流发货、运输交付等关键节点信息可视展现，物流信息全程在线跟踪。电商物资采用扫码便捷收货、拍照在线上传，防范违规换货风险。物资供应管理单位集中下单，供应商在线确认并备货完成后直接实施配送。

（3）电商化请购单退/换货执行管理。需求部门/单位对商品质量或其他事项有异议的，办公用品及非电网零星物资需在收到货物 5 个工作日内提出，电网零星物资需在收到货物 10 个工作日内提出，并通过合同约定的方式进行退换货。退换货物资需及时在专区更新选购订单状态。通过充分利用电子签章、单据无纸化、远程视频等新技术手段，电商采购专区物资货物交接、入库、评价等业务办理效率不断提升。

（4）电商化请购单履约评价管理。需求部门/单位按采购订单在零星物资采购管控平台中对供应商开展"一单一评价"工作，选购人对履约服务情况进行在线履约评价，收货人对到货物资外观质量、到货及时性、送货服务情况进行在线履约评价。履约评价结果作为下一期电商化采购供应商选择的评审因素。

4. 电商化合同结算

（1）电商化合同明确企业标识定制费用规则。电商化供应商按照最终用户指定的商品品种和标准定制企业标识，并在此种商品供货前向最终用户提供商品样本。定制企业标识的一切费用包含在该种商品的协议价格中，并体现在对应请购单金额内。

（2）电商化合同明确协议价格浮动机制规则。经电商化合同买方审核同意，在协议供货有效期内，电商化供应商可以在不提高合同约定价格的情况下提高货物配置，或者在不降低货物配置的情况下降低货物的协议价格，并体现在对应请购单金额内。

（3）电商化合同明确履约保证金转化与退换规则。电商化供应商的应答保证金在电商化合同签订后自动转为履约保证金，履约保证金有效期为电商化合同有效期。在电商化合同到期且卖方履行完毕全部订单义务后，电商化供应商凭协议期内各年度采购代理服务费发票办理履约保证金退还手续。

（4）电商化合同明确合同结算主体与结算方式。请购单作为电商化合同结算的实际主体，物资结算单价以合同价格为准。卖方应指定唯一结算主体，按照合同约定统一开具发票。最终用户自收到请购单协议货物及增值税专用发票后，通过国网商城第三方支付平台电 e 宝完成货款结算支付。

（二）零星服务合同执行管理

1. 零星服务合同签订

零星服务采购完成后，由项目部门或单位根据项目实施进度，执行零星服务采购结果，选择供应商并签订合同。

供应商的选择存在两种方式：

（1）直接签订合同方式。适用于采购标的内容简单、范围清晰，采购阶段采取了固定价或者明确了价格调整机制的情形。

该方式下，由项目部门或单位根据具体的采购需求，对入围供应商的服务质量、采购价格、履约响应及时性、售后服务快捷便利性等因素综合考虑后，选择其中一家或者几家直接签订合同，按照事先明确的单价或折扣率执行。

（2）谈判方式。适用于采购内容较为复杂，入围的供应商数量较多，采购时采取最高限价的情形。

该方式下，项目单位可根据具体的采购需求组织两家以上入围供应商参加谈判，一次或者多次报出价格，通过谈判确定更有利的交易条件或者更好的价格，确定一家或者多家供应商并签订合同。采用谈判方式选择供应商，应严格按照规定流程办理，开展谈判并与成交供应商签订合同。

2. 零星服务合同履行

合同期满后，执行中的框架采购合同应继续履行，直至合同约定的内容完成为止。协议期内，框架供应商发生质量或者履约问题时，由项目部门或单位按照合同相关条款约定，暂停或者终止合同。按照"谁使用、谁评价"原则，项目部门和单位应建立框架供应商履约绩效考核评价与市场份额联动机制。明确供应商质量评价标准，定期开展供应商履约评价，定期汇总供应商履约评价信息。

第三节 典 型 案 例

［案例6-1］协议库存份额跨省调剂

一、业务背景

针对国家电网公司年度重点工程，以及经国家电网公司确认的各省公司其他重点工程紧急物资需求，存在供应商无法履行合同（含批次采购和协议库存物资合同）、协议库存物资合同份额不足、省内调配或重新采购无法满足紧急物资需求的情况，如何以最快速度满足现场物资需求成为供应链优化的重要课题。

二、业务实践

在协议库存供应管理的实践应用过程中，国家电网公司针对差异化的物资需求模式创造性地提出了协议库存跨省调剂解决方案。协议库存份额跨省调剂是指省公司协议合同已执行完毕或份额不足，省内调配或重新采购无法满足紧急物资需求，总部协调其他省公司进行协议库存匹配调剂，提高物资资源共享和利用效率。

可按照协议库存合同约定，遵循"进度均衡、就近调剂"原则，在全网范围实施份额跨省调剂，优先匹配同类协议执行进度（按金额计）最低者，对单位价值低、运输成本高的物资，在进度优先的基础上，优先匹配运距最短者。调剂方案应充分考虑调出省公司意愿及供应商履约能力。

跨省调剂物资调出单位需及时开展对应协议库存合同份额的冻结，组织供应商签订补充协议，明确调剂数量纳入已执行份额，并将调剂情况与协议库存执行进度同期公示。跨省调剂物资需求单位按照调出单位原协议内容组织供应商签订采购合同。

1. 调入省公司采购申请提报

省公司协议合同已执行完毕或份额不足，仍发生的紧急物资需求，省公司调配中心向省公司物资部提出跨省调剂需求。调剂需求经省公司物资部、省公司分管领导审核后，提报国网物资调配中心。国网物资调配中心接收调拨申请后，在原同一标包其他省公司协议库存合同内分配份额，经审核后下达调拨通知单。

2. 调出省公司协议库存份额核减

调出省公司物资调配中心参考总部下发的跨省调剂通知单，在 ERP 系统创建跨省调剂调出单位虚拟采购申请。

3. 调出省公司生成调出调剂订单

根据调剂采购申请匹配协议库存，生成虚拟供货单，从而核减调剂协议库存份额，虚拟供货单信息同步至 ECP。

4. 调入省公司生成跨省调剂订单

根据 ECP 审批通过的跨省调剂合同行项目信息生成跨省调剂订单。调入省公司在接到调拨通知后，即可组织开展采购订单签订和供货工作。调出单位接到调拨通知后，扣减协议库存相应份额。跨省调剂工作流程见图 6-2。

三、管理成效

1. 提升协议库存物资资源共享能力

应用协议库存份额跨省调剂，能够共享全公司各网省资源，协议库存采购执行质效得到提升，跨省调剂灵活性不断增强，供应模式进一步优化，协议库存资源统筹与业务管控深度得到拓展，为应急、紧急采购工作提供了方便快捷的新途径。

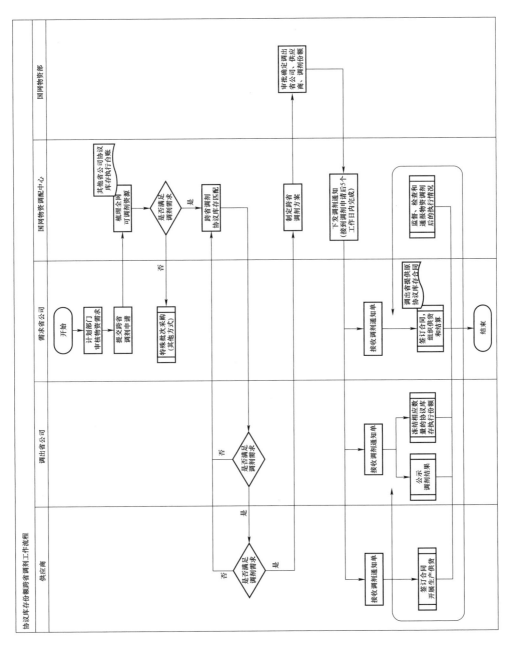

图 6-2　协议库存份额跨省调剂工作流程图

2. 提高应对突发事件能力

国家电网公司通过统筹开展物资调配协调，第一时间启动应急响应，协议库存份额跨省调剂有力支撑了紧急物资需求环境下供应保障和应对突发事件的能力，在最短时间内最快响应物资供应需求，实际需求合同的确认和签约时间可以极限压缩至 1 个工作日，全力保障现场物资供应。

第七章

合同评价管理

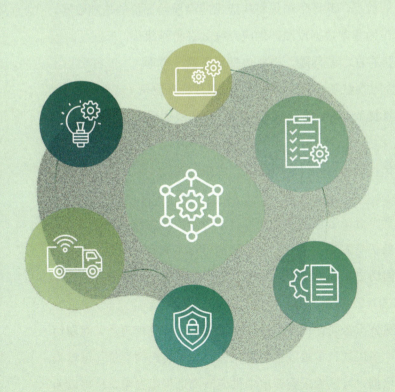

国家电网公司合同评价工作遵循全域合同管理理念，基于供应链管理思维构建国网特色合同评价机制，对履约业务的关键环节进行多专业、多层次、多维度客观量化评分，为供应商关系管理工作提供重要数据支撑。充分发掘应用电网工程服务和物资全寿命周期各环节数据，引导供给侧提升服务质量，促进电工市场良性发展，共同打造坚强的电工装备生态圈，实现供应链和谐共赢。

第一节 合同评价体系管理

为满足国家电网公司绿色现代数智供应链建设需要，按供应商绩效评价工作整体安排，在合同结算与物资供应环节，建立多维的合同评价指标体系，按制度规定开展评价工作。

一、合同评价的必要性

国家电网公司定期对供应商的资质能力、产品质量、合同履约、售后服务、运行质量等综合情况进行全面、客观、准确的综合评价，评价结果在招标采购活动中应用。合同评价是供应商履约评价的前提，其评价结果将构成供应商履约评价的基础数据，而供应商履约评价结果同样作为基础数据反馈在供应商绩效评价结果中。

在物资采购合同履约中仍存在一些问题，主要包括以下四个方面：

（1）企业采购项目多，合同数量多，物料种类广，对部分特殊物资（或专用设备、材料）质量要求高，履约场景复杂，履约专责人员有限，合同履约跟踪和及时管控存在不足。

（2）工程项目建设周期长，采购合同时间跨度大，合同管控时间节点多，履约全程管控难以面面俱到。

（3）部分供应商与企业多个分子公司、多个项目有业务合作，供应商挑肥拣瘦、区域间履约服务不一致的现象仍有发生，企业的诚信履约度得不到有效约束。

（4）企业沉淀了部分合同历史履约数据，但系统性应用仍需提高，数据价值变现能力有待提升。

针对上述问题，国家电网公司合同评价工作遵循全域采购合同管理理念，对履约业务的关键环节进行多专业、多层次、多维度客观量化评分。开展合同评价，可以为合同履约全程监管提供参考依据，可以为采购评审中供应商筛选提供参考，也可以为供应商完善服务提供指引方向。

二、评价组织实施

国家电网公司总部、省公司两级物资部分别是全公司层面和省公司层面合同评价工作的归口管理部门，负责制订合同评价工作方案与本部门管理范围内的合同评价标准，组织开展合同评价工作，会同相关部门对评价标准和评价结果进行公示。

国家电网公司总部、省公司两级物资公司协助本级物资部开展合同评价，是合同评价工作的实施单位。根据业务分工履行不同职责，各指标的评价组织实施具体如下：

（1）合同管理部门负责合同签订和合同结算两项工作，直接掌握供应商合同签约及时性、所提交合同款项支付手续准确性、是否按时保质提供发票、票据是否清晰准确等情况，因而负责"合同签订配合度"和"发票提交及时性"两项指标的评价。

（2）物资供应部门负责所管理范围内的物资履约供应，直接掌握供应商是否按需按时完成物资供应、是否因运输不当造成货物受损，以及供应商在现场的服务质量、现场配合度等情况，因而负责"到货及时性"和"供货服务水平"两项指标的评价。

（3）质量监督部门负责应用合同评价结果，将供应商合同履约情况纳入供应商绩效评价体系内，最终反馈采购环节作为评标工作参考依据。

三、评价对象与方式

合同评价是以合同为评价维度，其评价对象为单个合同或单个合同订单。涉及批次采购合同中的采购订单及协议库存采购合同和零星物资采购合同中的采购供货单、电商请购单等。合同评价时，各单位按照"一单一评价"原则，在相关业务结束后5个工作日内对合同履行过程中履约服务情况进行在线评价，对供应商的供货服务水平、配合度、及时性等情况进行在线评价。

供应商履约评价是以供应商为评价对象，定期对供应商所有合同履约情况的整体评价。供应商履约评价以合同评价的基础评价为数据来源，以供应商为评价维度，通过系统固化公式自动运行计算，形成最终评价结果。

合同评价结果是供应商履约评价的基础数据。供应商履约评价无需重复评价，仅需在每个合同或订单履约评价结果的基础上，根据评价模型自动运行计算其结果。同样，供应商履约评价结果是供应商绩效评价的基础数据，是供应商绩效评价指标体系中"服务支撑"指标的重要支撑。

四、合同评价模型

1. 评价指标

为真实反映合同履约情况，在设计评价指标时，往往遵循以下原则：

（1）科学性原则。各指标应遵循合同履约管理的特点和基本规律，为管理提升提供支撑。

（2）系统性原则。指标体系突出重点，并力求覆盖履约全程，反映供应商、服务商的整体履约表现。

（3）独立性原则。因果关系指标设计为上下级指标，同级指标坚持独立、不相关。

（4）简明性原则。指标具有代表性，阐述简单易懂，指标计量简单可行。

（5）可计量原则。无论是定量指标还是定性指标，均应可计量。

国家电网公司合同评价指标包括合同签订配合度、供货服务水平、到货及时性和发票提交及时性四项指标。为避免出现指标间的强关联和重复评价，根据供应商绩效评价指标体系分类和管理分工，合同履约过程中与产品质量（或服务）相关的指标纳入供应商绩效评价指标体系中的"成品质量"等指标一并考虑，合同评价指标不再重复评价。

国家电网公司各单位以单个合同或订单为评价主体，对四项指标进行星级评价。评价结果分为 5 个星级，每项指标明确 1～5 条定性评价标准（即 1～5 星），分别对应指标评级分值，根据星级评价等级分别为 100、80、60、40、20 分的原则进行设置，如表 7－1 所示。系统默认到评价期未评价的指标为 4 星（80 分）。

表 7－1　　　　　　　　　　合同评价各指标明细和分值表

评价指标	指标明细	指标评级	指标权重
合同签订配合度	供应商完成合同确认、签章用时累计不超过 3 日，有效保障合同、供货单或订补充协议签订工作高效开展	100	10%
	供应商完成合同确认、签章用时累计超过 3 日、不超过 5 日，正常配合合同、供货单或订补充协议签订工作开展	80	
	供应商因自身原因对招标文件理解偏差，完成合同确认、签章用时累计超过 5 日，但在 30 日内完成合同签订或在 10 日内完成供货单签订	60	
	供应商因自身原因对招标文件理解偏差，完成合同确认、签章用时累计超过 5 日，未在 30 日内完成合同签订或未在 10 日内完成供货单签订	40	
	供应商在签订物资合同及补充协议过程中提供有问题材料；在重大紧急工程物资合同签约中，反复沟通无果，严重影响工程建设进度	20	

续表

评价指标	指标明细	指标评级	指标权重
供货服务水平	按照工程现场物资消缺、设备安装、系统调试需求，供应商现场服务人员配置充足，现场服务反应迅速、响应及时、处置高效	100	30%
	按照工程现场物资消缺、设备安装、系统调试需求，供应商现场服务人员按需配置，现场服务满足工程安装调试技术服务保障	80	
	供应商未在规定时间选派现场服务人员进场，现场服务保障滞后，但未对工程安装调试造成影响	60	
	供应商选派的现场服务人员技术水平无法满足现场需求，对工程安装调试造成一定程度影响	40	
	供应商未在规定时间选派技术服务娴熟的人员进场，对工程安装调试造成严重影响	20	
到货及时性	供应商在原材料采购、物资生产、设备运输、货物交接环节协同配合较好，提前完成物资供应保障任务，为工程建设投产提供坚实有力的物资保障	100	50%
	供应商在物资生产、设备运输、货物交接环节协同配合良好，按期完成物资供应保障任务	80	
	供应商在物资生产、设备运输、货物交接环节能够协同配合，因供应商自身原因导致物资供应延期，但未对工程建设造成影响	60	
	供应商自身原因导致物资供应延期，对工程建设造成影响，形成合同违约索赔事实的事项	40	
	供应商自身原因导致物资供应延期，影响工程按期建设投运，形成合同违约索赔事实或提报供应商不良行为处理的事项	20	
发票提交及时性	ERP收货入库之日起，供应商在10日内提前递交发票	100	10%
	ERP收货入库之日，供应商在11～30日内提交发票	80	
	ERP收货入库之日起，经催办或约谈，供应商在31～60日内提交发票；供应商提交发票不清晰、有污损等，影响结算工作进度	60	
	ERP收货入库之日起，经多次催办或约谈，供应商在61～90日内提交发票，影响资金支付进度或结算及时性；供应商提交发票不清晰、有污损等，进行了多次整改，影响结算工作正常开展	40	
	ERP收货入库之日起，经反复催办或约谈，供应商超过90日提交发票，严重影响资金支付进度或结算及时性；供应商提交发票有篡改、私自冲销已递交的发票等，严重扰乱结算工作秩序	20	

2. 权重设置

合同签订配合度、供货服务水平、到货及时性和发票提交及时性四项指标，总权重为100%。

（1）"合同签订配合度"指标，主要对供应商采购合同或订补充协议签订工作配合程度进行评价，指标权重为10%。

（2）"供货服务水平"指标，主要对供应商现场服务及时性、现场服务人员工作水平、工作配合程度进行评价，指标权重为30%。

（3）"到货及时性"指标，主要按照审定供应计划、进场申请单或会议纪要要求对供应商供货及时性进行评价，指标权重为 50%。

（4）"发票提交及时性"指标，主要对供应商发票提交时效性进行评价，指标权重为 10%。

3. 评价模型

合同评价针对单份合同或单份订单，根据四项指标星级评价等级 100、80、60、40、20 分进行评分。在合同评价中，对每项指标进行评分，得分数据将应用于供应商履约评价中作为单项指标的基础评价分数，进行后续的供应商履约评价计算。

供应商履约评价单项指标以合同评价单项指标得分为依据，对四项指标按权重相加，得到单个供应商所有订单、所有履约指标评价得分，求和后算术平均得到初始得分（百分制）。到评价期未评价，默认 80 分；不具备评价条件而未评价，按平均值赋值赋分。

$$S = \sum_{i=1}^{4} \left[\sum_{i1}^{ip} \frac{（指标 i 已评价分数累加 + （未评价合同数量 \times 平均分值））}{已评价合同数量} \times 100\% \times 指标 i 所占权重 \right]$$

$$(7-1)$$

式中：S 为每份合同的最终履约评价得分，i 为第 i 个分项评价指标。分项指标到评价期未评价的，按 ECP 默认评价星级（4 星）进行赋值。分项指标暂不具备评价条件的，按已评价订单该指标得分平均值进行赋值。

第二节　合同评价执行管理

结合国家电网公司战略和现代智慧供应链建设，充分发掘应用电网工程服务和物资全寿命周期各环节数据，建立多维的合同评价指标体系，定期开展评价工作，并将评价结果反馈至招标采购等工作，促进供应商改进服务，提升质量。

一、评价结果汇总

根据供应商绩效评价工作机制，合同评价结果将统一反馈至物资部，该结果将作为供应商绩效评价指标体系的基础指标进行最终的分值计算。物资部将对合同评价结果进行审核，并在供应商绩效评价时进行综合汇总。

二、合同评价异议处理

供应商如对合同评价产生异议，可向供应商服务中心提出书面申请，由供应商咨询服务窗口统一受理和回复，回复时间应在收到申请后 5 个工作日内。如异议内容涉及其他专业评价的，供应商服务中心应转相应专业部门进行解答，专业部门应在收到咨询之日起 5 日内回复。

三、协同联动

（一）评价组织间协同

合同评价是从合同签订开始至履行完毕为止的履约全过程的评价，单一部门难以独立完成。国家电网公司建立了由物资管理部门统筹，多个相关部门分指标负责机制，各专业部门基于专业特点和工作分工，做出客观公正的评价，保障分项基础数据评价可信。

合同评价由业务经手人员根据系统固化的评价标准规范，根据供应商表现据实开展，各分项评价结果汇聚到统筹单位，实现既分工又集中的协作管理。

（1）总部、省公司两级物资部指导两级物资公司实施合同评价工作，总部物资部对省公司物资部、总部物资公司对省公司物资公司合同评价工作进行管理并接受反馈。

（2）总部、省公司两级物资公司合同管理部门负责合同评价工作的统筹实施，接收物资供应部门"到货及时性"和"供货服务水平"两项指标反馈，对打分及时性和评分质量等进行跟踪。

（3）总部、省公司两级物资公司质量监督部门参考合同评价结果开展供应商履约评价工作，合同管理部门和物资供应部门应及时将合同评价结果反馈质量监督部门。

（二）评价结果反馈应用

1. 与供应商联动

合同评价结果与供应商行为联动。国家电网公司将评价结果反馈给供应商后，供应商依据评价结果进行整改，对其合同签订配合度、供货服务水平、到货及时性和发票提交及时性等履约行为起到约束作用，提升供应商履约积极性。

2. 与供应商绩效评价联动

合同评价结果作为数据来源反馈至供应商绩效评价中。供应商绩效评价结果将应用于资格预审环节及采购评审环节（详见二维码），客观反映供应商的履约能力，并将其提供给评审专家进行评估参考，能更科学准确地选择优质供应商，提高后期的供应商履约能力。

> **延伸阅读**
>
> 评价结果在资格预审和采购评审环节的应用

四、合同评价保障体系

1. 工作机制

物资合同履约过程中，建立合同评价机制。合同评价按照专业负责制按期进行评价，也可根据实际工作情况设定评价数据采集周期，对统计期内的历史履约情况进行特定评价。

物资供应管理单位负责合同评价管理，定期汇总评价结果，并将评价结果纳入供应商关系管理和反馈到招标采购环节，同时负责供应商计划排产、供货、仓库货物交接、线上协同、发票递交等方面的合同评价。

项目管理单位（或建设管理单位）负责现场货物交接、现场服务、物资投运等方面的合同评价。

质量监督部门负责物资产品质量评价工作。

2. 信息化支撑

合同评价工作依托 ECP 合同评价功能实现。工作人员在"合同管理"模块下预设的合同签订配合度、供货服务水平、到货及时性和发票提交及时性四个维度分别针对有关事项进行评价，最终通过系统预设逻辑汇总得出总体评分。各专业、各层级现场一线人员，应用 ECP、"e 物资"移动终端等系统对供应商的履约服务进行实时动态评价。

应用 ELP 对合同履约过程的重点大件物资开展全流程运输监控功能，是"供货服务水平"指标评分的重要参考。

第三节　典　型　案　例

为加快推动绿色现代数智供应链发展，全面深化设备全寿命周期质量监督管理，国家电网公司合同评价不断深化闭环管理，应用数字化手段，在订单评价多环节管控、合同履约信息自动归集等方面多方发力，形成了一批优秀成果案例。

［案例 7-1］订单评价多环节管控

一、业务背景

合同评价工作中，往往因为合同履约周期较长、评价标准不统一等因素，导致无法客观评价履约服务过程。某省公司率先研究物资与服务类合同评价线上管理体系，在订单收货、设备投运、质保、服务完成阶段建立"一单（订单）一评价"机制，进一步增强了供应商质量、履约、服务等环节管控，并将评价结果与招标联动，从供应履约环节评价体现，助力提升采购服务水平。

二、业务实践

该省公司对供应链全链条业务开展物资类、服务类合同履约服务评价调研，通过梳理合同履约各业务环节，细致分析业务场景评价点，选取具备评价参考价值的业务节点，设计开发评价作业窗口。以问题为导向，首期规划建设物资评分管理、收货管控、合同管控、服务类评分管理、订单评分规则线上管理等业务功能，覆盖 EIP、"e 物资"移动终端等应用。每笔订单履约完成时，系统自动弹出评价窗口。提高物资工作效率，提升供应商管理水平，加快业务作业和数据收集反馈时效，进一步提高物资管理的整体工作效率，达到提质增效的目标。

1. 物资类订单评分管理

实现物资类订单线上评分管理，评分环节包含物资供应、物资合同、设备投运、物资质保等业务环节。通过梳理业务线条，将评价模块穿插在不同业务办理节点，业务办理完结时即可实时完成当前环节的合同评价。

2. 服务类订单评分管理

服务类订单评分管理如图 7-1 所示，可实现服务类订单线上评分管控，当服务完成时，在线完成订单评价。制定统一的服务评价模板，简化文字描述类评价，根据预设评分规则，对关注点进行量化，并给予分值。根据各项评判分数比例，系统自动算出最终分数。

3. 评分汇总管理

评分汇总管理如图 7-2 所示，在系统中建立评分规则一览表，规范评价规则、评分限额、评分权重等信息。各业务环节在处理业务时，可根据评分项编制相关评价内容。对业务部门来说，填写简单，操作性强，且利于后续评分审核。后续审核时，可协助审核人员快速捕捉到有用的信息，提高审批效率及正确率，有利于评价的标准化、规范化管控。

图 7-1 服务类订单评分管理

图 7-2 评分汇总管理

4. 订单移动评价

对于物资类订单，订单评价模块还与"e物资"移动终端进行融合。在"e物资"移动终端办理业务时，弹出窗口提醒评价，高度契合了业务人员的使用习惯，提高了订单评价实时性。订单移动评价界面如图7-3所示。

三、管理成效

线上合同评价有利于提升评价信息准确率，提高物资和服务评价的工作效率。目前，该省公司已实现物资类供应、履约、投运与服务类订单全覆盖，有效地提升了评价工作的时效性。

图7-3 订单移动评价界面

线上合同评价的主要成效表现在以下两个方面：

（1）评价实时性高。在业务办理完成后，第一时间完成对应环节评价，保证了评价工作的时效性。

（2）评价合规性强。通过对工程监理、工程设计、到货验收、工程施工等各环节管控，制定全省统一的评价标准，上传作证附件留档，根据各项评分标准自动算出总分值，有效减少了人为主观参与，使评价业务更合规。

[案例7-2] 合同履约信息自动归集

一、业务背景

合同评价是供应商全息多维评价体系中生产供货和安装服务的核心指标，履约信息主要采集供应商及其产品的质量、服务信息。传统管理模式下，履约信息分散在不同业务阶段、不同专业部门，各专业部门间存在信息孤岛，缺乏信息采集和贯通的有效渠道。

二、业务实践

通过专业系统线上数据自动评价和基层用户"e物资"移动终端动态评价相结合，实现不同环节、不同专业的履约信息归集，业务链条信息的贯通与共享。监造、抽检、试验、质量等方面履约信息主要从 ECP 线上获取，或通过工程生产管理系统辅助获取，现场服务等方面履约信息通过"e物资"移动终端实行现场动态评价，自动归集到 ECP。

1. 结构化模板

因履约业务链条长，涉及部门多，诸多信息分散在物资、建设、运检等不同专业的管理系统中。根据履约信息采集来源，在 ECP 和"e物资"移动终端中的评价模块制定相应的履约信息结构化模板，进行大数据全量采集和自动计算量化评价，形成标准化、结构化运维数据信息库，统一信息格式。

2. 信息关联

对已推广应用实物 ID 的物资，以实物 ID 为质量信息归集载体，关联分散在不同业务环节、不同专业管理部门的物资质量信息，为后期质量、服务问题的精准溯源奠定基础。

对未推广应用实物 ID 的物资，以供应商编码或供应商编码+设备出厂编号为信息归集载体，记录同一个供应商生产的物资在不同业务管理阶段所发生的质量问题，为统计分析不同供应商物资质量、服务情况创造条件。

3. 信息归集

履约信息按照生产制造、到货验收、质量抽检、安装调试四个业务阶段进行分类归集。

（1）生产制造阶段。监造单位在 ECP 中提报物资监造过程中产生的质量信息，并与实物 ID 或供应商编码进行关联。通过 ECP 自动取数和定期评价，采集监造配合情况、生产进度等监造过程信息和质量问题信息。

（2）到货验收阶段。物资管理人员应用"e物资"移动终端关联实物 ID 或供应商编码，现场评价到货及时性、供货服务水平等到货验收环节信息，实时评价并上传支撑材料，数据自动同步归集到 ECP。

（3）质量抽检阶段。通过"e物资"移动终端自动采集物资抽检环节的抽检合格率、抽检配合情况、抽检结果评价等信息，并通过实物 ID 或设备出厂编号，实现相关信息的关联与归集。

（4）安装调试阶段。相关专业部门组织开展设备安装调试，应用"e 物资"移动终端关联实物 ID 或供应商编码，现场评价到货安装及时性、到货质量、服务质量与调试验收情况等信息，数据自动同步归集到 ECP。

三、管理成效

合同履约信息多维万人评价、大众点评的应用模式，按照"谁使用、谁评价，谁主管、谁评价"的原则设置不同权限，将信息感知"神经末梢"延伸至万千现场。

通过收集现场一线的第一手评价信息，各专业各部门可以共享评价结果，实现万人动态实时评价，使得供应商精准画像和全息感知成为可能。

第八章

合同档案管理

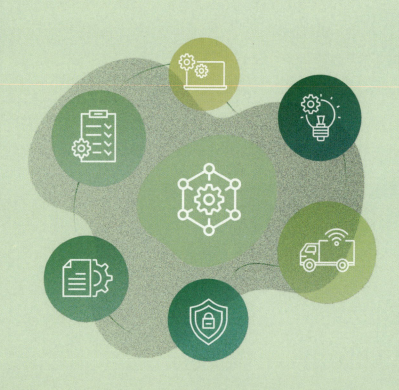

合同档案记录了合同签订至终止全过程的历史信息，对于合同缔约单位依法维护自身合法权益、促进合同履约如实落地、推动合同履约相关争议有效解决具有极其重要的作用。因此，合同档案管理是合同全寿命周期管理中的重要一环。国家电网公司紧跟当前"绿色环保、数智化"理念，以数智化手段为依托，构建出一套绿色环保、科学规范、可靠高效的合同档案管理体系。本章主要介绍国家电网公司在绿色现代数智供应链创新实践中合同档案管理相关内容。

第一节 合同档案概述

合同档案是合同档案管理的对象，也是企业维护自身合法权益的凭证资料。本节主要介绍合同档案的定义、分类、特征，明晰合同档案的相关概念，阐述合同档案的价值，并介绍合同档案的发展趋势。

一、合同档案的定义与分类

1. 合同档案的定义

合同档案，是指从合同签订至终止整个过程中形成的，体现当事人各方意志、具有法律效力的合同文件，以及与之相关的具有保存价值的其他文件材料。

2. 合同档案的分类

基于不同的分类维度，可将合同档案做如下分类：

（1）按合同档案载体形式划分，合同档案可分为纸质合同档案和电子合同档案。

（2）按合同类别划分，合同档案可分为施工合同档案、买卖合同档案、租赁合同档案、劳动合同档案和其他合同档案等。

（3）按合同档案保管期限划分，合同档案可分为永久保存合同档案和定期保存合同档案。

二、合同档案的特征

合同档案具有法律性、凭证性、规范性和时效性的特征。

1. 法律性

合同档案的法律性，是指合同档案的主要资料为合同，而合同及相关补充资料是具有法律效力的文件。

2. 凭证性

合同档案的凭证性，是指合同档案是合同当事人履行合同约定的原始凭证记录，在发生合同纠纷时，可作为解决纠纷的重要凭证。

3. 规范性

合同档案的规范性，是指合同档案管理具有较强的专业性，已建立完整专业的管理体系、管理规范与管理标准，具有专业规范性。

4. 时效性

合同档案的时效性，是合同档案在合同生效执行开始后的某一段时间具有重要价值意义，在合同生效的一定时间后，随着合同条约执行完毕及合同法律时效结束，合同档案失去了相应价值意义。

三、合同档案的作用及意义

合同档案是企业经济活动中形成的具有重要保存价值的历史记录，也是企业维护自身合法权益的重要凭证，发生法律纠纷时，企业可利用合同档案所记载的内容，依法维护合法权益。

合同档案为合同管理工作事前指导和事后追溯提供有力支持。合同档案体现签订各方在合同业务环节中责任划界、执行情况的相关信息，可以实现对合同相关业务回溯，帮助监督履约过程，指导今后实际工作，并为供应商管理提供依据和参考。

合同档案为企业技术创新、体制完善和管理提升提供了大量有价值的历史信息，可为当前及以后工作开展提供有价值的参考和依据，助力提升企业管理质效，有效推动企业高质量发展。

合同档案是企业资产的重要组成部分，电子合同档案已成为企业的重要数据资产，是企业无形资产的重要部分，能为企业带来经济效益和社会效益。

分析研究合同档案资料，可实现对以往经济活动的回查，获取经济活动的重要信息，通过回查发现并解决一些现实工作问题，规避经营风险，推动争议有效解决，促进合同履约如实落地。

四、合同档案的发展趋势

随着现代法制社会建设进程的深入推进及现代信息技术的广泛应用，合同档案出现了一些新的发展趋势，主要体现在：

（1）数量和种类激增。随着法制社会建设推进，社会各界的法律意识日益增强，合同数量急剧增加，合同档案的种类和档案管理范围逐步扩大。

（2）载体形式多样化。当今社会，现代信息技术快速发展，新型档案载体形式不断出现，电子档案被逐步扩大应用。

（3）档案价值逐步凸显。OCR 采集技术、RPA 技术、电子合同应用技术及大数据检索、数据分析处理、数据计算判断等现代信息技术的飞速发展，为合同档案数字化管理与应用提供了强有力的技术支撑，也为合同档案数据的深度分析、深度挖掘提供了便利。在今后，档案应用范围将不断扩大，档案价值在不断增大。

第二节　国家电网公司合同档案管理

国家电网公司依据相关法律法规等规范性文件，结合现代绿色环保理念和业务发展实际，形成具有企业特色、服务企业需求的合同档案管理体系，实现合同档案管理规范化、标准化和专业化。

一、合同档案管理理念

国家电网公司合同档案管理坚持绿色环保和数智化管理理念，将理念贯穿在合同档案管理过程中，实现工作效率、效益双提升。

1. 绿色环保

国家电网公司秉持"绿色、低碳、节能、环保"发展理念，大力推进合同档案管理朝着绿色低碳节能环保方向开展，在管理、技术方面积极推动创新管理实践落地，将合同签署、履行、结算、档案管理等过程电子化，减少纸质合同的使用和印刷，降低对纸张资源的需求和环境的影响，助力可持续发展。

2. 数智化

国家电网公司倡导利用信息技术手段实现合同档案的电子化管理。通过建立电子档案管理系统，实现合同档案的数字化存储、检索和共享，提高档案管理的效率和便捷性。

二、合同档案组织管理

国家电网公司合同档案管理遵循"谁主管、谁负责""谁形成、谁整理"的原则，按照国家电网公司统一的分类方案、归档范围和管理期限，针对合同管理活动中形成的具有利用和保存价值的多种载体文件材料，各级单位合同承办部门在本单位合同档案文件办理完成后，按类别及时收集、整理应归档文件，整理完成后经本部门负责人审核合格，在规定时间内移交至本单位档案管理部门，移交归档后由本单位档案管理部门保管。

合同档案实行分级管理，各级单位按照国家电网公司档案管理制度要求开展合同档案管理工作，并严格遵守相关保密规定；定期对已超过保管期限的文件资料进行鉴定，对确无保存价值的档案按程序进行销毁。

合同归口管理部门对承办部门的合同归档工作进行督促，并向档案管理部门提供咨询。

三、合同档案管理标准

国家电网公司为规范合同档案管理工作，按照国家档案管理相关规定，制定以下管理标准。

（1）规范性。合同档案管理遵循国家、国家电网公司档案管理相关规定，按照档案管理流程和制度规范操作，确保合同档案管理规范。

（2）完整性和准确性。合同档案应包含完整的合同文本、附件和相关文件资料，且档案内容应准确反映合同的签订、履行、结算等业务情况。

（3）安全性。合同档案应设立相应的权限控制，保护合同档案的机密性和完整性，并建立备份和灾备机制，防止合同档案丢失和损坏，确保档案保管安全。

（4）便捷性和可追溯性。合同档案的存储和检索应方便快捷，相关人员能够便捷找到所需的合同档案；同时，合同档案的操作记录和审批流程应完整记录，方便审计和追溯。

（5）有序性。合同档案按照不同类别分类归档，按照档案管理规定按顺序归放，确保归档文件归集统一有序管理，便于查阅利用。

（6）真实性。合同档案归档文件应是原件，保障合同档案文件的真实有效，以维护合同档案文件的重要效力。

四、合同档案归档内容

合同档案，是指在合同管理全过程中形成的具有保存价值的重要文件材料，存在纸质合同档案和电子合同档案两种形式：纸质合同档案文件是指以纸质资料为记录和存储载体的具有保存价值的重要文件材料；电子合同档案文件是指以电子存储介质为载体的具有保存价值的重要电子文件材料❶。

《中华人民共和国档案法》（以下简称《档案法》）对企业归档范围进行了明确规定（详见二维码），国家电网公司依据法律法规、标准等规范性文件要求，结合合同业务特点，对合同档案归档文件内容进行明确规定。

纸质合同档案一般包括合同文本、补充协议、纠纷解决协议、结算凭证等重要文件材料。合同归档内容涉及合同起草、订立、履行、变更、结算、中止、纠纷处理、解除、终止等合同管理全过程，主要包括以下内容：①中标通知书、成交通知书或其他确定采购结果的文件等；②合同谈判、签订、履行等往来过程中形成的会议纪要、备忘录、担保文件等具有法律效力的文件，如合同变更单及其支撑材料、合同承办管理过程中形成的其他应归档的文件材料；③合同对方当事人的营业执照、证明文件等文件材料；④合同审批流程记录；⑤合同文本原件，如合同协议书、合同通用条款和专用条款、补充协议等；⑥签约各方授权委托书原件或复印件；⑦合同争议解决的有关文件材料；⑧其他需要归档的文件材料。

《国家电网有限公司供应链管理通则》规定，供应链管理信息系统中各种类型电子文件，参照纸质文件归档范围确定电子文件归档范围。

五、合同档案管理要点

针对电子合同档案及纸质合同档案载体的差异性，国家电网公司按照纸质合同档案与电子合同档案分别管理。

（一）纸质合同档案管理要点

根据《档案法》等相关法律法规，国家电网公司对纸质合同档案的归档时限、书

---

❶ 《电子文件归档与电子档案管理规范》第 3.1 条提出了电子文件的定义，即国家机构、社会组织或个人在履行其法定职责或处理事务过程中，通过计算机等电子设备形成、办理、传输和存储的数字格式的各种信息记录。电子文件由内容、结构、背景组成。

写签章和收集与移交等事项进行明确规定。

（1）归档与保管时限要求。合同档案资料应按规定在业务办理完成后3个月内移交档案管理部门归档。物资合同管理文件材料保存期限为30年，输变电工程施工、监理合同管理文件材料保管期限为30年。

（2）书写签章要求。归档的纸质文件材料应当字迹清晰，图标整洁，签字盖章手续完备。

（3）收集及移交要求。归档文件材料应是原件，不能以原件保存的，需保存与原件核对无误的复印件，加盖部门（单位）印章，并对原件去向予以说明。在移交档案管理部门前做好档案文件的保管，防止丢失和损坏。与工程建设项目相关的纸质合同档案归档文件，各级单位物资合同承办部门还需将纸质合同档案文件移交至项目建设单位，纳入工程项目档案统一归档。向档案管理部门移交时，应确保移交的纸质合同档案文件内容及构成要件完整，文件真实准确，整理规范，移交时做好检查登记记录。

（二）电子合同档案管理要点

电子合同档案文件在归档时限、归档方式、存储介质、保管维护等方面与纸质归档文件存在不同。

国家电网公司电子合同档案归档严格执行相关法律法规的规定（详见二维码），对电子文件归档提出以下具体要求：

（1）归档时限要求。电子归档文件根据其对应系统信息更新频率，确定合理收集周期，及时归档。

（2）收集及移交要求。确保移交的全部电子合同档案文件真实、可靠、完整、可用，并达到规范、标准、有序和优质的要求。

（3）电子档案文件归档还应符合有关要求：①供应链管理信息系统中各种类型电子文件定期备份；②电子档案的归集形式，应采用符合安全管理要求的网络或者存储介质，可通过在线应用档案管理系统、离线光盘存储方式移交。

六、合同档案管理创新及成效

为适应新形势下的档案管理需求，国家电网公司从管理创新与技术创新两方面入手，全面提升合同档案管理质效水平。

（一）合同档案管理与技术创新

1. 管理方面创新

采购方式上不断扩大协议库存采购应用范围，相比于通常合同文本，单份采购供货单文本可节省近一半数量纸张，使得归档的合同文件资料数量相对大幅减少，实现合同档案管理纸张资源的"低耗用"。积极推行电子文件归档替代传统纸质文件归档，使得合同档案归档朝着纸张资源的"零耗用"方向发展。

2. 技术方面创新

在业务办理上，通过开发应用 ECP、结算单据电子化系统，合同签订、合同履约业务实现线上化办理，相比线下方式办理，减少了纸张资源耗用，从而减少了纸质合同档案资料归档数量。在档案管理上，通过开发应用档案管理信息系统、应用电子文件资料归档、开发应用智能机器人程序进行自动化归档（见图 8-1），不仅提高了合同档案归档工作效率和数智化水平，还减少了大量纸张资源的耗费。

图 8-1 某省公司档案库房智能机器人智能作业场景图

（二）合同档案管理成效

通过一系列管理和技术创新手段应用，国家电网公司合同档案管理规范性、质效性有了进一步提升，取得了显著的成效。

（1）促规范。电子档案管理方式的扩大化应用，借助档案管理系统的先进性，使合同档案管理内容更加健全、样式更加统一、质量更加提升，合同档案管理规范化水平有了进一步提升。

（2）提效率。电子文件归档方式替代传统人工方式归档，计算机高效率工作优势得到充分发挥体现。相比于人工归档方式，电子文件归档方式效率凸显，使得合同档案管理效率有了质的提升。

（3）防风险。合同档案管理的规范化、成熟化，在维护合同签订各方合法权益，及规避防控企业经营的经济、法律风险上发挥出更大作用。

第三节　电子合同档案数智化应用典型案例

［案例］电子合同档案数智化应用

一、业务背景

现代社会，各类各样的信息管理系统被广泛应用于各行业领域，信息化助力各项工作质量效率快速提升。在档案管理领域，档案管理信息系统的应用范围也在不断扩大，档案管理系统的应用为国家电网公司电子合同档案管理信息化建设提供了成熟的经验。

国家电网公司合同签订、履行、结算等业务环节基本已实现电子化、数字化，而电子合同文件归档在部分单位仍由人工完成。由于合同档案数量繁多，传统人工归档方式存在管理效率低、质量不高的问题。这种方式与当前先进的信息化管理方式不相适应，电子合同档案管理的数字化转型升级亟待完成。

二、业务实践

数字员工（电子合同档案管理数字机器人）是依靠机器人流程自动化、人工智能、大数据三大核心技术，按照《档案法》《电子文件归档与电子档案管理规范》等法规规范的相关要求，充分发挥电子合同档案管理的保密性、及时性、完整性的优势，开发的合同档案管理自动化程序。

数字员工能够自动完成跨系统业务流程操作、表单自动录入、数据审核、文本检查、文档处理等工作。合同归档时，数字员工会自动收集相关信息并生成归档卡片，按照批次对合同电子文档进行自动整理，将文件自动传送到档案管理系统中，完成电子合同档案文件归档。

数字机器人自动化归档流程可概括为三大步骤：

（1）数字员工登入 ECP，归集合同台账、合同协议书、中标通知书、合同通用及专用条款等纳入归档范围的文件资料，并对其进行检查和整理，使之符合归档资料要求。

（2）数字员工进入合同档案管理系统，将之前收集到的信息整理为归档卡片并创建，按照条目进行文档附件上传。

（3）提示工作人员流程结束，由工作人员对工作成果进行复核。数字员工自动化归档作业流程见图8-2。

图8-2　数字员工自动化归档作业流程图

三、管理成效

数字员工的应用，使国家电网公司档案管理质效得到显著提升。

数字员工可进行 7×24h 无间断工作，能精准稳定地完成海量、重复、低效、易错的工作；可解决跨系统数据同步，自动操作网页、软件、数据和文件处理等；可将不同场景下的规则以及业务经验模型化，结合业务流程情况自行分析判断、自动化审核与检查，实现办公自动化。它是一个多技能的虚拟员工，低成本、高效率，能有效解决当前合同归档业务流程处理的痛点，助力企事业单位实现智能化与自动化升级。

人工归档，平均每个批次需要投入 2 人，耗时 10 天。应用数字员工归档，平均每个批次仅需 1 人，耗时仅需 2 天，能够节约 80%的时间成本。

第九章

合同管理与优化营商环境

优化营商环境对于激发各类市场主体活力、释放出民营企业创新与创造的潜能、建设现代化经济体系、推动经济高质量发展，具有十分重要的意义。近年来，国务院及各政府部门陆续颁布了《优化营商环境条例》《保障中小企业款项支付条例》等一系列政策文件，创新体制机制、完善法治保障，为各类市场主体投资兴业营造稳定、公平、透明、可预期的良好环境。国家电网公司践行央企责任担当，以市场主体需求为导向，以绿色现代数智供应链为抓手，加快配套管理制度建设、完善优化供应商服务管理、加强数字智能技术应用，通过"云签约""云交接""云结算"等服务举措，引领创造良好营商环境，打造良性互动、和谐共赢的供应链生态体系。

第一节　工作要求

国家电网公司完整、准确、全面贯彻落实党中央、国务院决策部署，按照"全力畅通供应链，带动产业链发展"的总体工作要求，有效发挥国有经济战略支撑作用，落实落细各项支持政策，出台一系列让上下游广大中小企业"看得见、摸得着、有感受、得实惠"的服务举措，支持中小企业健康发展，持续增强产业链供应链稳定性，全面助力高质量发展。

一、国家政策导向

近年来，为持续优化营商环境，不断解放和发展社会生产力，加快建设现代化经济体系，推动高质量发展，国务院及各政府部门陆续颁布了《优化营商环境条例》（国务院令第 722 号）、《保障中小企业款项支付条例》（国务院令第 728 号）、《关于中央企业助力中小企业纾困解难促进协同发展有关事项的通知》（国资发财评〔2022〕40 号）等一系列政策文件（详见二维码），从制度层面为优化营商环境提供更为有力的保障和支撑。

延伸阅读

优化营商环境的
相关政策文件

二、国家电网公司管理举措

国家电网公司以市场主体需求为导向，创新体制机制、强化协同联动，持续深化"放管服"改革，通过全面加强合同管理，与链上企业开展平等互利合作，着力构建共享共赢的供应链新生态，为供应商营造稳定、公平、透明、可预期的良好环境，带动链上企业可持续健康发展，增强产业链供应链的韧性和竞争力。

1. 加快配套管理制度建设

国家电网公司加强政策文件宣传解读，遵照政策文件要求，以打造法制化、便利化的一流营商环境为目标，牢固树立重合同、守信用理念，按照"市场讲法治、企业讲信用"的原则，对相关管理制度开展"立改废释"管理。

（1）制定优化营商环境专项管理制度（详见二维码）。为引领创造良好营商环境，带动民营企业可持续健康发展，聚力重塑产业变革新生态，国家电网公司印发了《国家电网有限公司关于印发绿色现代数智供应链发展行动方案的通知》（国家电网物资〔2022〕540 号）、《国家电网有限公司关于实施〈保障中小企业款项支付条例〉的意见》（国家电网财〔2020〕519 号）等制度文件，在社会公信建设、提升服务质量、优化营商环境、促进产融结合等方面深入实践，推动构建共享共赢供应链生态圈。

（2）完善优化现有管理制度。根据文件要求，及时制定、修订相关配套管理制度文件，对统一合同文本、现行制度文件进行必要的修改完善，确保统一合同文本、相关制度与政策文件保持一致。对政策文件中提出的改革要求和任务，抓紧制订具体细化落实方案，切实推动政策文件各项规定落地见效。进一步细化纾困举措，积极采取针对性措施，帮助中小企业应对困难，推动中小企业向专精特新方向发展，不断提升市场竞争力。

2. 加强核心诉求重点管理

国家电网公司对款项支付、融资难与融资贵、服务便利化等供应商核心诉求实施了重点管理。

（1）优化合同款项支付管理。定期梳理应付账款支付情况，细化资金安排，做好资金支付，并加快信息化建设，完善相关管理信息系统，将账款到期前自动提示功能嵌入系统。无分歧欠款按照发现一笔清偿一笔的原则，立即安排清偿并倒查责任。遵循维护合法权益、平等友好协商、互惠互利合作的原则，积极与链上企业沟通提出有分歧欠款解决方案，进一步加快清理进度，经充分协商难以达成一致的，积极通过法律途径解决。坚持问题导向，以防止边清边欠、前清后欠为重点，加快健全完善防止拖欠的长效机制，着力推动清欠工作从治标向治本转变。

（2）聚焦解决融资难、融资贵问题。完善产业链供应链金融服务机制，结合重点产业链供应链特点开发信贷、保险等金融产品，加强供应链应收账款、订单货融资服务。积极发挥产业链核心企业作用，支持配合上下游中小企业开展供应链融资，努力实现自身优质信用与上下游中小企业共享，畅通上下游资金循环，加大对民营企业和中小企业的支持力度、降低民营企业和中小企业综合融资成本。

（3）推进服务标准化、便捷化。落实"减环节、减材料、减时限"要求，编制并向社会公开服务事项标准化工作流程和办事指南，推动同一事项无差别受理、同标准办理。畅通网上大厅、服务热线等"云服务"通道，推行客户远程服务和自助服务，打通项目单位、物资部门与供应商的线上通道，一网通办、及时反馈，供应商足不出户即可享受便捷高效的一站式"云在线"服务。

3. 完善优化供应商服务管理

国家电网公司坚守初心使命，持续完善管理体系，对内紧密对接业务需求，强化专业协同，全面提高服务保障能力，全力支撑电网建设和公司发展；对外提升供应商服务水平，助力优化营商环境，带动供应链和谐共赢发展。

（1）组织体系不断优化。设立总部、省、地（市）三级物资调配机构，建立业务受理制度，对物资生产发运、交货验收、供应服务、业务咨询等问题进行统一协调。设立总部和省公司两级供应商服务中心，为供应商提供相关业务咨询与办理服务，发布业务信息和接收供应商合理化建议，实行"首问负责制"，与供应商构建和谐共赢的供需关系，树立国家电网公司供应商服务品牌。

（2）运作模式不断创新。合同管理采取集中采购、集中签订、分级履行、集中结算的运作模式，减少了中间环节，使预算资金到位及时，提高了预算资金的使用效率。总部层面设置合同协调室，统筹协调合同签订、履约、结算事项，督促基层单位转变思想观念、增强服务意识，高质量做好款项清理工作。

（3）协同机制全面建立。内部强化与规划计划、项目管理、专业技术、财务、审计等部门的协同，实现源头对接采购综合计划、资金预算、项目管理，事中对接供应协调，事后对接履约评价，形成闭环一体协同管理机制。外部拓展供应链长度与深度，打造合同履约全链条业务在线办理新模式，建立了融合共享、开放合作的内外协同机制，全面提高业务流程效率，改善营商环境。

（4）服务模式不断优化。推进马上办、网上办、就近办、一次办，推行当场办结、一次办结、限时办结的服务模式，实现集中办理、就近办理、网上办理、异地可办，使"一网、一门、一次"改革要求成为有约束力的制度规则。强化现代信息技术应用，加速数字化、网络化、智能化转型进程，打造符合中小企业特点的数字化服务平台，实现"业务数据化、数据业务化",形成"云签约、云结算、云服务"等新业态。

4. 加强数字智能技术应用

国家电网公司践行央企责任担当,打造从合同签订到资金结算一站式业务办理新模式,全面提高业务流程效率,改善营商环境,服务中小微企业发展。

全面落实民企降税减负政策,推广电子采购及电子签单、"物资结算机器人"等智慧场景应用,实现结算单据线上即时签署、支付预算自动申请,解决供应商"跑单难"问题。

依托识别技术、"e物资"移动终端、PDA、GPS定位等技术,实现物物相联、信息共享,打破供应商与需求部门的信息壁垒,物资需求在线确认、生产进度在线追踪、实物 ID 标签赋码应用、物资运输可视监控、物资交付移动办理、合同评价在线点评,实现传统业务赋能转型,创造良好营商环境。用技术手段监控预警资金支付进度,实现物资账款支付"零逾期"。

5. 多项具体服务举措落地

国家电网公司先后出台了优化服务构建和谐共赢生态圈六项举措、助推供应商复工复产七项创新服务举措、助力供应商纾困解难十项创新服务举措,打破地域限制,打通从制造厂家到最终用户的全链条业务,全力服务"六稳""六保"和经济社会发展。涉及合同管理相关创新服务举措主要包括:

(1)物资合同在线签约。应用 ECP 开展物资合同在线签约,招标结果自动回传,物资合同一键生成、远程确认、在线签署。协议库存范围内物资"随时匹配、即时下单",及时释放采购订单,助力企业提前有序安排生产。优化协议库存原材料价格联动机制,供需双方共同抵御价格波动风险,带动上下游企业提升供应链韧性。

(2)资金支付应付快付。应用"e物资"移动终端,远程电子化签署货物交接单等结算单据,节约供应商跑办成本。开展物资合同款项在线结算,确保"应付尽付、应付快付"、逾期风险"动态清零",切实缓解企业资金压力,降低供应商运行成本。

(3)物资供应保障有力。统筹全网重点工程物资保障时序,重点设备全网统一排产,助力供应商集中精力统筹资源,保障连续生产,释放最大产能。加快物资保障重点问题协调处理速度,强化采购供应联动机制,鼓励企业根据市场预期,提高关键组部件和原材料储备,带动上下游企业提升产业链供应链稳定性。

(4)物流运输畅通快捷。发挥省公司属地协调优势,充分用好国家及地方企业保运、物流保通政策,协助供应商列入当地保运转重点企业"白名单"。依托 ELP,发挥国家电网公司与社会专业物流集团战略合作优势,助力供应商打通安全、高效的电力"云物流"通道，促进物流循环畅通。

（5）供应链金融创新拓展。各级招标采购活动接受投标保证金保险，物资合同履约阶段接受履约保证金保险。全面推广"电子保单"，提高业务办理效率，畅通供应商资金融通。

（6）供应链平台共享发展。面向供应商开放电工交易专区平台，为中小企业招标采购、供应链管理提供数字化平台支撑服务。深化 EIP"云监造"应用，带动上下游企业加快生产制造数字化转型，提升电工装备产业链供应链竞争力。

（7）供应商服务"云见面"。畅通供应商线上咨询、调研问卷、400 服务热线、业务微信群四项优质"云服务"渠道，开通 27 家省公司、35 家直属单位款项支付服务专线，及时处理供应商提出的咨询、质疑和投诉，一网通办、及时反馈，共同营造良好营商环境，全面助推经济社会持续健康发展。

第二节　"两金一款"管理

国家电网公司坚持依法合规经营理念，通过持续健全管理模式、优化业务流程、完善合同条款、聚焦源头治理、深化数智应用等举措，强化"两金一款"管控，规范高效办理物资款项支付，保障物资合同款项应付尽付。

一、基本概念

"两金一款"是在合同签订和履约结算过程中涉及的重要款项。"两金一款"即履约保证金、结清款、合同进度款。合同进度款按照付款节点的不同又细分为预付款、交货款、验收款。

二、管控要点

国家电网公司针对"两金一款"工作中各环节的重点、难点、痛点进行深入挖掘分析，探究影响业务开展的制约因素和限制条件，识别业务关键提升点，靶向施策提升"两金一款"支付效率。

（1）规范结算单据办理。对于货物外观、型号、规格、数量满足合同要求的，现场交付后及时签署货物交接单，不得因货物未安装、未带电等原因延迟办理到货验收。符合合同投运要求的货物，以基建管控系统、设备（资产）运维精益管理系统工程投运日期为基准，及时签署货物验收单，对货物投运后需停电消缺且供应商提供配合消缺承诺的，可先签署单据。对货物无质量问题，且双方无异议的，质量保证期满后及时签署质量保证期届满证书。

（2）加强跨专业协同。对采购货物所需资金及时纳入月度现金流预算。针对电商专区单笔金额小、资金支付时限要求高的特点，提前研判资金需求、合理把握付款进度，实施现金流按日排程管理，优化资金支付审批流程，压缩内部支付流转时间，提高资金支付效率。针对项目超概算、财务预算不足问题，加强与财务、发展、基建等专业部门协同，及时完成概算或预算调整。如遇发票错开、付款退回等特殊情况，及时会同业务部门与供应商沟通并协商解决，及时办理款项支付。

（3）严控支付时限。优化资金预算与支付流程，确保各阶段款项在到达启付时间节点后，按照合同约定"应付尽付、限期完成"。因工程规划调整、工程延期造成货物生产后无法交货、到货后未按期投运等情况，依据合同约定及时办理款项支付工作。妥善处理异议款项清理，全面梳理异议合同清单，落实异议原因及相关证据，依法合规逐条解决。

（4）提升数据质量。聚合全量业务数据，利用数据中台，汇聚"两金一款"涉及的相关业务系统数据，打通物资、财务和项目单位等部门业务环节之间的数据壁垒，实现"两金一款"的全链条数据贯通，提高数据的一致性和关联性，为"两金一款"的监控和分析奠定数据基础。建立数据诊断分析机制，对系统数据不规范、不准确和传输异常等问题，及时诊断成因、明确措施、立行立改，确保实际业务与线上数据一致。

（5）强化支付监控预警。建立两级 ESC 款项支付监控预警，对"两金一款"支付的及时性与准确性进行实时监测和动态预警。通过可视化展示将预警信息全方位地呈现给业务人员，方便业务人员及时发现和处理存在逾期风险的订单，从而建立长效监控预警机制，有效避免新增逾期及其他问题，支撑"两金一款"支付管控的常态化。

三、管控机制

国家电网公司落实责任分工、转变思想观念、应用技术手段，以推进"三个机制"建设，推广绿色现代数智供应链"三个场景"应用为抓手，形成物资合同款项按期支付长效机制，推动资金支付质效提升。

1. 推进"三个机制"建设

发挥集团化运作优势，利用大企业优势更好地服务于实体制造企业，由"厂家应该做"向"双方共同做"转变，营造风清气正的良好营商环境。

（1）建立结算单据归口办理机制。建立结算单据归口协调与办理机制，工程验收、合同质保期满后，各级物资部门负责协调专业部门办理相应的结算单据，最迟于次月完成合同款项预算申报，让供应商交货款、验收款、结清款办理一次都不跑，助力压降企业运营成本。

（2）建立结算支付监控预警机制。建立物资类批次采购、协议库存采购、电商专区采购合同执行与款项支付台账，各级物资、财务部门依托技术手段对预付款、履约保证金、交货款、验收款、结清款等各阶段款项支付条件、支付进度进行监控，每月统计分析、滚动更新，预警潜在逾期风险，做到全过程在线跟踪，全流程业财信息共享，保障企业资金及时回流。

（3）建立问题受理统一协调机制。总部、省公司/直属单位两级设置物资合同款项支付服务专线，通过热线电话、电子邮件、供应商接待日等多种方式，受理款项支付中的问题咨询与投诉，统一协调、逐一核实，向供应商反馈处理结果，服务企业结算业务办理规范高效。

2. 推广"三个场景"应用

应用物联网、移动互联等技术，提高结算业务办理效率，确保资金预算"应提尽提"、合同款项"应付尽付"。

（1）推广结算单据电子化办理。对影响合同款项支付效率的结算单据（货物交接单、货物验收单、质量保证期届满证书），推行网络在线签署，供需双方可远程完成常规货物验收与单据确认，通过电子签章和签名技术，让"供应商少跑腿"，切实解决现场"跑单难"、成本高等问题。

（2）推广结算申请自动化作业。对耗费人工量大、核对繁杂的发票收取和校验，在供应商服务中心推行发票自助办理业务，供应商可自助完成发票校验。发票信息、合同电子化结算单据等同步传递至财务系统，自动触发付款申请和审批流程，提升合同结算工作质效。

（3）推广合同结算一体化协同。对合同账款支付状态与进度信息，推行自动预警与实时查询。开发保函提交、单据办理、发票收取、资金审批等关键信息跟踪预警、提醒督办功能，供需双方可通过 ECP、供应商服务大厅等进行查询跟踪，实时掌握合同款项支付状态与进度。

第三节 供应商服务

国家电网公司秉承"真诚沟通、和谐共赢"的理念，做好机制建设、流程梳理、信息系统功能完善等各项工作，建立健全供应商服务体系，规范管理工作，通过"现场服务＋网上服务"相结合的模式，全面提升服务质量和工作效率。

一、现场服务

国家电网公司分别在总部和 27 家省公司设立两级供应商服务中心，形成"1＋27"的供应商服务体系。两级供应商服务中心设立供应商服务大厅，为供应商提供现场业务咨询和办理等服务。供应商服务大厅内设置值班经理席，并根据业务需要设置相应服务窗口，实行窗口责任制，对供应商相关业务办理均限时完成。

国家电网公司不断优化供应商服务标准与业务流程，编制供应商服务常见问题及供应商服务指南，不断提高服务供应商的专业化和标准化水平。国家电网公司供应商服务大厅实景如图 9－1 所示。

图 9－1　国家电网公司供应商服务大厅实景

供应商服务中心主要承担现场答疑、线下体验及其他个性化服务，包括：

（1）对供应商在服务大厅现场提出的各类咨询问题应及时予以答复，对于无法即时解答的专业性问题，按照内部有关流转规定即时流转至相关专业部门，并在规定时间内答复供应商。

（2）供应商电子商务平台注册及相关业务。

（3）中标服务费、保证金退还。

（4）合同业务办理。提前预约供应商签约，并按照相关流程及规定时限完成后续合同签订业务。物资合同技术变更单和商务变更单办理完毕后，组织供应商携带完整资料在规定时间内到大厅签订补充协议。

（5）履约过程中各类单据的接收、移交及电子化工作。

（6）审查付款单据，办理资金预算及支付申请等相关手续。

二、网上服务

为落实优化营商环境要求，国家电网公司着力推进供应商服务系统智能化运营及相关服务系统配套升级，建设总部和省公司两级数字化、智能化供应商服务中心，整合优化平台功能，实现传统业务线上服务。同时，实现实体大厅与网上大厅无缝对接，构建线上线下一体化供应商服务。

围绕供应商"服务走在前，一次不用跑"的业务概念，网上供应商微服务大厅满足全网各项业务及时操作查询需求，涵盖招标采购、合同签约、合同履约、合同结算、质量监督、供应商关系管理、实物 ID、废旧物资管理等功能，建成"渠道多、办事易、效率高、服务好"的综合服务体系，打造智慧型网上供应商服务大厅。

网上供应商微服务大厅功能架构统一，业务节点明确，方便供应商查询办理相关业务。

网上供应商微服务大厅功能经过多轮升级，其功能操作简易，大大提升了供应商业务查询、提报效率；已实现凭证单据电子化，完善线上签章工作，提升业务流转效率；优化沟通机制，线上通知即刻办理；拓展移动应用，供应商通过移动端完成业务操作，提升业务处理及时性。

三、供应商接待日

国家电网公司不断摸索与供应商诉求相适应的运营管理模式，协调与各业务部门的沟通配合，建立工作规范与标准，紧盯供应商热点需求，着力解决供应商难点问题，采取线上视频+现场沟通相结合方式，常态化开展供应商接待日，进行物资业务政策专题宣贯、业务洽谈咨询、供应商意见建议收集、业务流程指导和供应商答疑。供应商接待日不仅在加强与供应商交流沟通，促进彼此理解互信方面发挥了重要作用，同时通过优质的"一站式"服务，为供应商提供了极大方便，赢得了广大供应商一致好评。

第四节 供应链金融在合同管理中的应用

国家电网公司充分应用"大云物移智链"等现代信息技术，汇集电网承载的资金、资产、资信、客户、渠道、品牌等各类实体资源，聚合保险、应收账款融资等各类金融服务，通过金融科技赋能，实现供需的精准对接和价值的高效转换，推动金融业务改革创新，服务国家电网公司高质量发展，促进产业链上下游合作共赢。

一、基本概况

2020年9月，中国人民银行等八部门联合发布《关于规范发展供应链金融支持供应链产业链稳定循环和优化升级的意见》（银发〔2020〕226号）。意见指出，"供应链金融是指从供应链产业链整体出发，运用金融科技手段，整合物流、资金流、信息流

延伸阅读

供应链金融与传统金融的对比分析

等信息，在真实交易背景下，构建供应链中占主导地位的核心企业与上下游企业一体化的金融供给体系和风险评估体系，提供系统性的金融解决方案，以快速响应产业链上企业的结算、融资、财务管理等综合需求，降低企业成本，提升产业链各方价值（详见二维码）。

国内关于供应链金融定义的普遍观点认为，供应链金融是以核心企业为依托，以真实的贸易背景为前提，运用自偿性贸易融资的方式，配合第三方监管手段，封闭供应链环节的资金流或者控制物权，为上下游企业提供授信、结算、理财等综合性金融产品及服务。

二、国家电网公司业务实践

作为电力供应链中的核心企业，国家电网公司资信等级高，覆盖产业链上下游企业（发电企业、物资供应商、工程建设单位等）众多，既拥有网站、App、微信公众号、微信小程序、第三方合作等服务渠道，又具备相关金融业务资质、人才和经验，推进供应链金融业务优势突出、意义重大。

国家电网公司始终把握构建金融业务价值创造枢纽、供需对接平台和产业链共享生态圈的主线，以客户为中心，以现有系统为基础，以线上化为支撑，以金融科技为驱动，加快推进线上产业链金融平台建设（详见二维码）。

延伸阅读

线上产业链金融平台

近年来，为落实党中央、国务院关于"深化金融体制改革，增强金融服务实体经济能力"的有关部署，国家电网公司对金融业务提出了"面向主业、产融结合、以融促产、协调发展"的总体要求，加快推进供应链金融业务，通过保险、应收账款融资等方式，为资信良好的上下游企业提供金融服务，助力电网产业链发展。

（一）保证保险应用

在合同管理领域，国家电网公司积极推广履约保证金保险、结清款保险应用，为供应商缓解资金占用压力。

1. 履约保证金保险

履约保证金保险是国家电网公司履约保证金的具体形式之一，是以供应商向保险公司缴纳保费，保险公司出具履约保证金保单的形式进行履约责任担保。

履约保证金保险替代是促进降本增效，支持供应商发展的重要举措。履约保证金保险不仅可以缓解供应商特别是中小企业资金占用压力，还能减少保证金收取、验真、退还等工作量，节约人力及办公成本，而且供应商违约即赔付，能有效防范供应商履约风险，提高合同执行效率。

2. 结清款保险

结清款保险替代是在合同物资结清款尚未到期，供应商以与合同结清款等额的保险公司保单提前办理合同结清款支付的业务操作。

结清款保险替代是落实国家电网公司"质量强网战略"，树立质量优先正面导向的具体措施。通过保险替代，可以提前释放供应商存量资金，助力供应商健康发展，使质好者更优，质优者更强；同时发挥正向引导作用，督促供应商持续提升产品质量，提高合同履约响应程度和服务水平，营造质量优先的市场竞争环境。

（二）供应商应收账款融资

应收账款融资业务是金融单位以国家电网公司与供应商之间签订的物资合同为基本依据，通过采集合同应付账款的相关数据，以订单对应的应收账款为第一还款来源，为供应商提供的融资服务。

应收账款融资能够推动改善上下游企业流动性和财务状况，提升产业链整体运营效率，支撑电网主业发展，深化与上游企业的合作共赢。能够将国家电网公司的资源和资信优势转化为经济效益，降低企业资金成本，盘活闲置资金，进一步为实体经济注入活力。

第五节 典型案例

[案例9-1] 合同"云服务"擦亮新名片

一、业务背景

国家电网公司供应商服务大厅作为对外服务的窗口，主要承担物资合同的签订、结算等业务。

2020年突如其来的公共卫生事件，给供应商服务大厅的正常业务办理带来巨大挑战：

（1）突发卫生事件防控压力巨大，供应商无法到大厅办理合同签约、结算，存在合同超期签订和款项超期支付的法律风险和资金风险。

（2）信息实时传递困难，对突发卫生事件之下业务怎么办理、资金何时回笼，供应商疑虑重重，却无法与大厅服务人员当面交流。

（3）国网物资部关于助推供应商复工复产、助力供应商纾困解难等工作要求如何精准落地，切实缓解供应商资金压力，优化营商环境，也是亟待解决的难题。

基于以上业务背景，某省公司按照国资委关于加快推进国有企业数字化转型的工作要求，依托现代信息技术，加快启动到货履约与结算数智化平台建设，重点解决上述问题，达成以下三个具体建设目标：

（1）提升合同签约、结算业务办理效率，实现降本增效"云签约"。

（2）解决供应商服务大厅与供应商之间的信息传递难题，实现突破时间和空间限制的"云见面"。

（3）依托数智赋能，创新物资结算管理模式，推进保证金保险替代和结清款保函替代业务，持续提升结算业务管控质效，持续助力营商环境优化。

二、业务实践

面对这些挑战，该省公司充分发挥党支部战斗堡垒作用和党员先锋示范作用，主动作为，在严格执行突发卫生事件防控要求的基础上，推出一系列云端服务，创新实行业务咨询"云见面"、合同办理"云签约"、物资合同款项"云结算"，走出了一条供应商"云服务"新道路，切实维护了供应商利益，助力优化营商环境。

1."云签约"降本增效实现新突破

近年来，电网工程建设持续加速，物资采购合同业务量大幅增长。该省公司依托系统平台，创新"云签约"服务模式，采用"一提、一压、一联合"的方式，提升合同签约效率，整体压降采购供货单数量，进一步优化流程、提升质效，大幅降低供应商的合同签约成本，不断优化营商环境。

该项优化内容重点完成以下三项工作：

（1）合同签约线上办理。依托 ECP、ERP、数字化法治企业建设平台开展合同电子化签约，实现了合同签约全流程数字化、"数据多跑路，人员少接触"，确保了合同签约的及时性和准确性，免除了供应商线下签约的奔波劳碌，签约成本大幅降低。

（2）压降小额订单。组织试点开展压降小额订单工作研讨，制定压降千元以下小额订单签约、结算业务量举措，有效降低了双方工作量，提高了供应商供货及结算积极性，提升了"两个服务"水平。

（3）联合优化流程。每月开展订单金额及数量分析，将相关数量及环比变化情况等分析结果纳入《供应链运营管理月报》，开展合同签约分析、合同解除分析。

2."云见面"开辟信息传递新途径

该省公司创新沟通方式，拓展沟通渠道。突破时间和空间的限制，通过网上服务大厅、腾讯会议、企业微信、热线电话等方式，实现咨询沟通"云见面"，一对一为供应商提供更加便捷、高效的多元化业务办理咨询服务，持续提升水平。

该项优化内容重点完成以下三项工作：

（1）服务热线答疑解惑。"3999"供应商热线畅通无阻，提供 24h 业务咨询，在线答疑、推送信息，实现物资业务一个号码全程服务。发布《供应商常见问题白皮书》，根据物资业务变化，及时更新供应商业务操作指南，让供应商服务热线接得更快、答得更准、办得更实，打造便捷、高效、规范、智慧的供应商服务"总客服"。

（2）网上公告精准推送。通过供应商网上服务大厅、企业微信及时发布合同签约、结算等通知公告。根据供应商需求持续优化网上服务大厅及企业微信界面功能，增加业务办理便捷性，提升供应商服务体验；网上服务大厅、企业微信一对一推送合同签约、结算进度及待结算订单等信息，方便供应商实时掌握业务办理情况。

（3）腾讯会议精准互动沟通。创新开展供应商线上交流研讨活动，定期向供应商宣贯公司的物资业务政策和办理流程，"云现场"受理供应商业务咨询，"云见面"为供应商答疑解惑，构建了省市县横向协同、纵向贯通、内外联动的供应商线上交流体系，有效拓宽服务广度、加深服务深度，提升线上业务办理体验度，宣传保证金保险等金融业务，助力供应商缓解资金压力。

3."云结算"助企纾困彰显风貌

为缓解中小企业资金压力，该省公司依托数智赋能，创新物资"云结算"管理模式，规范物资结算监控预警，推进保证金保险替代和结清款保函替代业务，依法合规打造物资云结算管控体系，解决了传统结算模式人工参与多、跨系统部门多、付款耗时长等问题，对内提升业务质效，对外提高服务质量。

（1）"线下改线上"，结算网络化为企业节资。精准谋划"云结算"资金支付管理新模式，结算单据远程上传、线上验审，纸质结算凭证邮寄交接，实现合同结算全流程网络化、智能化、自动化。供应商结算业务办理"一步都不跑"，业务办理时间大幅缩减，每年节省供应商经营成本数亿元。

（2）"保函改保险"，保证定制化为企业减压。针对履约保证金、结清款等沉淀资金长期占用企业经营资金的情况，联合保险机构推广保证金保险替代业务。供应商在物资合同签订后以保险的方式提交履约保证金，代替现金、保函等形式的履约保证金，消除可能长期占用企业经营资金情况。推广保函替代质量保证金业务，质保期开始后，供应商可凭结清款保函办理结清款等额替代。

（3）"人工改智能"，支付自动化为企业护航。依托 ERP、ESC 等系统，全面实现物资结算办理及管控自动化。设置物资结算发起节点和支付节点预警，全过程精准管控，实现物资结算"零逾期"。创新开展物资合同款项支付安全智能管控，根据合同金额、付款比例等条件监控分析支付信息准确性，比对供应商、银行账户等确保收款准确无误。

三、管理成效

该省公司通过"云签约、云结算、云服务"等新业态，构建合同管理全链条业务在线办理，全面提高业务效率，改善营商环境。

（1）业务办理提质增效。合同"云服务"提高了双方工作效率，减少人力资源成本，提高经济效益。压降小额订单数量，促进供应商特别是民营及中小企业降低运营成本。

（2）信息传递畅通无阻。该省公司通过开展供应商线上交流研讨活动，解答业务问题，"云见面"服务模式在国家电网报、电网头条等媒体多次宣传报道，在国网物资部组织的"五位一体"供应商网上服务平台标准化研讨会中得到多家供应商的高度评价。

（3）营商环境持续优化。通过数字化运营平台提高企业运营效率，实现内部效率提升，外部服务质量提高，实时风险监控预警，缓解供应商资金压力，持续优化电力营商环境，构建与供应商的和谐共赢生态圈，建设"具有中国特色国际领先的能源互联网企业"。

［案例9-2］合同履约与合同结算的数字化协同

一、业务背景

国家电网公司直送现场的物资到货验收和到货结算工作面临着诸多挑战。

（1）到货验收点多面广与物资履约人员现场交付人手不足的矛盾。国家电网公司每年在建的35kV及以上电网工程项目数以万计，项目现场点多面广，到货时间又相对分散，极其繁重的到货验收任务与相对有限的物资履约人员难以平衡，无法有效管控违规换货、到货数量不符等风险。

（2）到货结算单据流转办理时效长、存档调档效率低与优化营商环境、提高国有企业结算效率的矛盾。大量的物资到货工作产生了繁重的到货单据办理、存档调档与结算任务，而传统的线下纸质单据流转、签字盖章与存档的方式，长期存在流转效率低、签字耗时长、存档与查阅成本高、供应商需要往返多个地点办理结算单据与付款等问题。

（3）卫生事件、自然灾害等公共性突发事件，增加了线下、现场履约协同处理的难度。

当前，物联网、移动互联网等现代信息技术、设备的应用，新型产业链供应链生态平台等平台经济、数字经济的兴起为到货履约与结算的数字化协同提供了技术支撑和案例实证。

基于以上业务背景，国家电网公司依托现代信息技术，加快启动到货履约与结算数智化平台建设，重点解决上述问题，达成以下建设目标：

（1）提升供应商、物资履约人员、施工现场人员、合同结算等关联业务人员的协同办公效率，实现数字化云协同。

（2）解决到货验收场景下供应商、物资履约人员、施工现场人员必到现场的问题，实现满足合同约定与国家电网公司制度规定条件的云验收。

（3）提高到货履约与结算环节的数据贯通、共享和协同效率，进一步提升结算效率，持续优化营商环境。

（4）加强突发卫生事件防控、做好电网保供双保证。

二、业务实践

到货履约与结算数智化建设围绕供应链数智化发展新要求，积极推动供应链实物流、业务流、资金流、数据流融合贯通，打造数字化协同平台，面向供应商、物资供应部门、项目单位等业务对象，提供工程物资验收、履约单据办理、合同款项支付等一站式在线交互功能，推动供应链各方由局部、松散式联动向全链路、紧耦合式协作转变，促进链路间数据贯通、资源共享和业务高效协同。

为达成上述建设目标，重点开展"到货物资云端验收""物资结算在线办理"两项优化内容。

1. 到货物资云端验收

依托地理位置感知、物联网、移动互联网、5G 等现代信息技术，将物理世界的到货验收工作映射到数字世界，相关业务方在云端联合开展工程现场物资到货验收工作，有效解决项目现场点多面广与业务管理人员有限之间的矛盾，防范违规换货、虚假到货风险。直送现场物资到货验收流程如图 9-2 所示。

图 9-2 直送现场物资到货验收流程图

该项优化内容重点完成以下五项工作：

（1）送货单据线上创建。针对直送现场的基建工程物资，供应商通过网上供应商服务大厅的相关模块在线填写物资送货信息，替换以往采用的纸质送货单据作为现场物资收货的凭证，确保送货信息真实有效。

（2）到货信息即时上传。现场验收人员根据物资实际到货情况，应用手机 App 端的到货验收功能，按要求完成到货物资的铭牌、二维码、人车物同框等照片及视频影像资料拍摄工作，并同步上传至系统。手机 App 端到货验收数据上传及审核要求示例见图 9-3。系统自动获取当前地理位置与时间信息，并与工程现场位置信息进行校验，完成初步审核后，生成水印附于影像资料上。

照片信息	备注	App选项	现场样例
车牌拍照		车牌拍照 人物同框 启用二维码照片 开箱（拆包装）	
人物同框	必须	车牌拍照 人物同框 启用二维码照片 开箱（拆包装）	
启用二维码照片		车牌拍照 人物同框 启用二维码照片 开箱（拆包装）	
开箱（拆包装）		车牌拍照 人物同框 启用二维码照片 开箱（拆包装）	
补充照片	可选		
现场初步	可选		
行项目照片	可选		

图9-3　手机App端到货验收数据上传及审核要求示例

（3）多方远程协同审核。系统在对地理位置信息进行校验无误后，自动推送到货验收信息至物资供应部门、项目单位及供应商等相关业务方。物资供应部门、项目单位对到货验收信息进行远程审核，进一步核对地理位置是否有误、到货物资是否符合要求等，并同步完成货物交接单的电子签章工作。电子签章单据、系统验收信息、现场影像资料等可存档、可验证、可追溯，实现到货验收材料的人、证、物一致。

（4）智能识别验证审核。到货履约单据电子化功能已经过数年的迭代升级，系统功能成熟、应用成效显著。未来，国家电网公司将研究利用人工智能、图像识别等技术手段，实现到货物资类型智能识别、到货物资真实性智能审核等功能，进一步提升验证审核效率。

（5）拓展覆盖至履约全流程。同到货与结算协同业务流程一样，交货款、验收款、结清款三个支付阶段，同样涉及履约与结算业务的协同，遵循同样的建设逻辑，在"到货物资云端验收"基础上，同步建设其他三个节点的履约单据与结算协同数智化方案，实现结算与履约全流程数智化协同。

2. 物资结算在线办理

利用电子签章、移动互联网等现代信息技术，实现货物交接单、货物验收单、质量保证期届满证书或结清款支付函等物资履约单据的在线流转与电子签署，并进一步将电子单据办结嵌入合同款项支付申请流程中，通过数据流的在线实时传递缩短各方时空距离，真正做到让数据多跑路，让厂家少跑腿。

该项优化内容完成以下两项重点工作：

（1）履约单据在线流转。制定标准的电子单据模版，采用电子单据替代传统的纸质单据，并将各类物资履约单据格式固化于系统中。供需双方可根据物资交货情况创建电子货物交接单，同时系统可在工程投运、质保期满等关键节点自动生成待签署的货物验收单、质量保证期届满证书或结清款支付函，相关专业部门结合业务实际在线签署电子单据。系统自动推送督办短信，并对签署成功的电子单据进行留存，支持批量查询、快速调阅、永久追溯等功能。

（2）合同款项智能支付。系统预设合同款项支付逻辑，在供应商保函提交审核完成、发票提交审核完成、货物验收单、质量保证期届满证书或结清款支付函电子签署完成等关键节点，自动触发生成预付款、交货款、验收款、结清款支付申请待办。供应商无需在办理相应款项时到场，成功办理款项的信息将通过 App、网上服务大厅等途径实时推送，全面提升物资结算工作效率和供应商服务满意度。

三、管理成效

1. 履约结算效率大幅提升

以某省公司为例，直送现场物资到货验收工作时长和物资履约单据平均办理周期大幅缩短，办理效率大幅提升，履约单据办结后系统自动发起付款申请，进一步保证了合同款项支付的及时性。

2. 业务合规管理有效改善

依托数字化协同平台，固化信息流转方式与单据格式模版，实现到货物资验收、履约单据办理等业务的在线办理及线上存档，各项业务均留痕、可溯，全面杜绝违规换货、虚假到货、违规办单等现象。

3. 经营成本显著降低

云验收、云结算功能的推广应用，不仅打破地域限制，同时保障数据交互的实时性和同步性，实现物资到货验收、履约单据办理、结算等业务在线协同开展。以物资履约单据办理为例，改变了以往供应商需要前往项目单位办理纸质履约结算单据并提交供应商服务大厅审核、人工办理款项支付的业务模式，大幅降低供应商经营成本。

4. 绿色发展理念深入实施

云验收、云结算等新模式是物资采购履约结算领域全面、深入、精准贯彻新发展理念的典型实践，为国家电网公司全面开展绿色、数智化供应链建设和优化营商环境提供了有利支撑。

第十章

全域采购合同管理平台建设

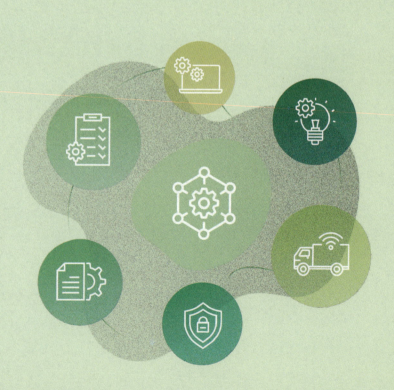

为响应国务院《数字中国建设整体布局规划》要求，促进数字经济和实体经济深度融合，国家电网公司落实全域采购合同一体化管理体系架构要求，进行全域采购合同管理平台深化建设，以合同管理推动产业链供应链绿色化、现代化、数智化发展。本章对全域采购合同数智化管理平台的建设背景和目标进行了介绍，对数字化与全域采购合同业务的融合与支撑思路进行了阐述，并基于全域采购合同管理平台作为国网绿链云网合同业务的承载平台，对业务管理合规化、协同化、一体化、智能化等四方面的提升价值进行了总结。

第一节　建设背景与目标

全域采购合同管理平台建设以国家政策为导向，以国网绿链战略为指引，以合同业务需求为驱动，以"业务引导数字化建设、数字化与业务融合提升"为理念，采取了"自下而上梳理业务、自上而下规划平台"的建设思路。从业务标准化建设入手，从流程步骤和岗位角色等管理细节出发，对当前业务管理的组织、制度、流程开展深化建设，对物资合同域架构资产进行更新和丰富；在平台规划方面，采取架构引领的方式，对未来平台架构和业务蓝图进行总体规划，明确了平台建设目标。

一、建设背景

随着国网绿色现代数智供应链建设的不断深化，物资采购合同管理取得一定成效，物资类合同的签订、变更、履约、结算全链业务实现专业域内的线上办理，但业务的数字化支撑仍存在一定的断堵难点：

（1）部分业务未线上化，合同违约解除等场景仍线下办理，未实现线上协同贯通，存在业务断点。

（2）跨专业存在壁垒，合同业务复杂多样，与法律、财务专业相互联动、互为勾稽，但在跨系统、跨场景之间协同联动仍显不足，存在流程堵点。

（3）合同业务多源部署，部分业务分散在总部一级与数十个二级系统中，后端业务数据归集难，影响集约化管理推进，存在管理难点。

（4）目前服务类合同由各合同承办专业进行管理，管理差异较大，较难通过统一数字化平台进行全流程支撑。

上述问题已无法通过单一系统、单一功能的优化来实现，而是需要从全流程的视野出发，以跨层级、跨专业、跨系统的角度对现有平台进行重新审视，统筹规划，有序建设，全面提升。

二、建设目标

面对业务管理高质量发展和数智化转型一级部署等重要要求，为解决当前业务数字化融合发展中存在的问题，全面支撑全域采购合同一体化管理体系，国家电网公司整合供应链核心要素资源，构建全域联动、立体高效、一体闭环的全域采购合同管理平台。通过开展业务架构顶层设计，确立"一条主线、两种模式、三种能力、四个特征"平台建设目标（见图 10-1），即：以全供应链价值流驱动"项目—物资/服务—财务"一体化协同为主线，提供平台"管控+执行"与"服务+支撑"两种模式，提升自上而下的管理支撑能力、自下而上的自驱提升能力和内外贯通的融合协同能力三大能力，具备合规化、协同化、一体化、智能化四个特征。

聚焦平台建设目标，规划平台专题场景建设，旨在推动全域采购合同业务跨专业资源整合、全链风险闭环管控，促进链上多场景业务协同、多层级数据勾稽、多维度数据归集，推动供应链各专业、各环节整体优化、互促提升，实现单个合同管理向全供应链合同管理转变，实现全供应链合同一体化管理和闭环管控，全面服务项目管理和产业链供应链发展。

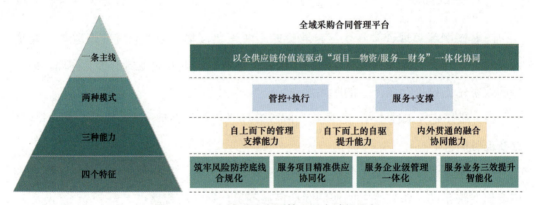

图 10-1 全域采购合同管理平台建设目标

1. 服务一条主线

全域采购合同管理平台的建设充分利用合同管理对业务流、实物流、资金流、数据流四流的汇聚与驱动作用，整合各项资源，以合同管理联通财务管理，服务项目管理，建立"项目—物资/服务—财务"的一体化协同，实现项目下的合同集群管理及合同结算一体化闭环管控。

2. 建立两种模式

物资类和服务类合同在"管什么"和"谁来管"两方面存在明显差异，当前物资类合同由物资专业进行归口管理，管理集约化程度较高，业务较为标准；服务类合同由各专业部门进行主责主办，管理较为分散，模式差异较大。因此对于两种业务类型，平台应采取不同的支撑方式。平台两种模式对比见图10-2。

物资类合同提供"执行＋管控"模式，服务业务线上化操作的同时，提供数字化手段以加强对业务的管控。以业务的执行和管控为核心，解决现有业务的断点、堵点、难点，全面提升物资业务运行效率和集约化管控能力。

服务类合同采取"服务＋支撑"模式，以服务输出为核心，设置标准接口，提供灵活可配置的业务功能，构建开放生态，为总部专业部门提供高效便捷的合同服务支撑。

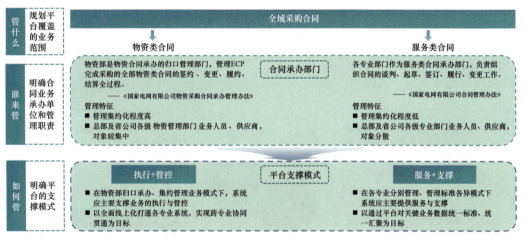

图10-2 平台两种模式对比图

3. 提升三种能力

平台支撑能力是构建全域采购合同管理平台，实现全员、全过程、全要素协同联动的关键。平台应具备自上而下的管理支撑能力、自下而上的自驱提升能力、内外贯通的融合协同能力。平台三种能力工作机制见图10-3。

（1）自上而下的管理支撑能力。将国家电网公司的管理要求及管理制度，通过平台传递到各层级，落实公司战略目标到各层级管理目标及绩效目标，实现全员覆盖。

（2）自下而上的自驱提升能力。通过协助洞察业务趋势，智能提示潜在风险等智能化手段，调动基层人员积极性，推动人员自驱改善业务操作，提升业务管理质效。

（3）内外贯通的融合协同能力。贯通内外部业务流程，通过跨部门跨单位的数据融合贯通，实现全过程价值流驱动的"项目—物资/服务—财务"一体化协同。

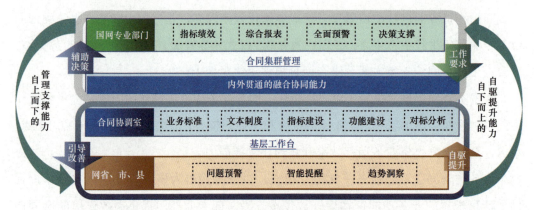

图 10-3　平台三种能力工作机制图

4. 体现平台四个特征

融合业务与管理要求，在平台建设中内嵌"合规化、协同化、一体化、智能化"四个特征，满足合同全环节内嵌管控、跨专业贯通、常态化一级部署、业务数智化升级等内在提升需求，见图 10-4。

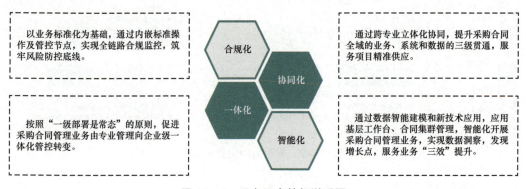

图 10-4　平台四个特征说明图

（1）合规化。以业务标准化为基础，依托数智化手段，通过内嵌标准操作及管控节点，推进中标结果回传、合同签订、合同履行、预付款支付、合同结算等各业务环节数据贯通，实现全链路合规监控，筑牢风险防控底线。

（2）协同化。通过跨专业立体化协同，提升采购合同全域的业务、系统和数据的三级贯通，服务项目精准供应。

（3）一体化。按照"一级部署是常态"的原则，促进采购合同管理业务由专业管理向企业级一体化管控转变。

（4）智能化。通过数据智能建模和新技术应用，应用合同集群管理工作台，智能化采购合同管理业务，实现数据洞察，发现增长点，服务业务"三效"提升。

第二节　建设思路与核心场景

平台立足"一条主线、两种模式、三种能力、四个特征"的建设目标，坚持"业务先行、整体规划、专题建设"的建设思路，形成23项核心建设场景。通过对各场景专题建设，最终实现合同管理在合规、高效、自驱、协同、创新方面的全面提升。

一、建设思路

充分考虑到业务和系统的复杂性，平台的设计与建设秉承"业务先行、整体规划、专题建设"的思路开展。

（一）业务标准化建设先行

业务是信息化建设的基础，业务标准化是数字化转型的关键。因此，在开展全域采购合同管理平台建设前期，首先需要对业务的组织、制度、流程等进行标准化深化建设，包括：①组织管理方面，明确合同域内四级（总部、省侧、地市、县级）业务参与方的对象、职责、权限、责任，确保物资专业内、跨专业各层级参与对象职责界面更加清晰；②业务流程方面，明确四级业务执行流程、业务审批流程，统一共性流程并结构化，管控差异流程，确保合同域内业务操作流程和审批流程闭环管理、流程衔接顺畅；③合规管理方面，梳理合同域相关规范管理制度，嵌入具体业务操作流和审批流中，形成过程节点管控，确保业务全过程合规，防范审计风险问题。

（二）架构引领的总体规划

为增强业务对系统开发的指导和管控，最大化避免重复建设和资源浪费，提高系统开发落地的经济性、有效性，在全域采购合同管理平台建设中，采取平台整体架构设计引领的思路，采用自上而下，从整体到局部的方式，在原有架构资产基础上，以企业级视角对全域的平台定位进行规划。在分析各专业供应链合同管理业务职能及经法、财务、基建等专业系统相关功能范围基础上，以"管理范围无交叉，系统功能相互补"为原则，规划了全域合同的业务边界；通过对物资和服务不同业务模式下的不同平台支撑模式进行研讨，提出对于物资类合同"执行＋管控"、对于服务类合同"服务＋支撑"的管理模式；以此为基础，结合业务提升需求，确立企业级、全域的平台定位（见图10-5），对业务架构进行了升级优化，形成业务顶层设计规划成果。

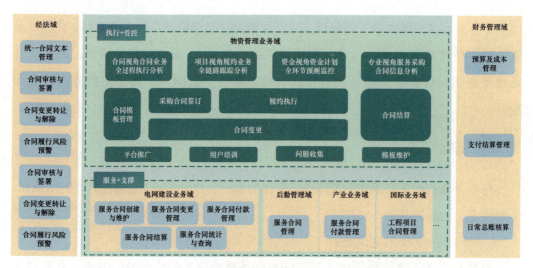

图 10-5　全域采购合同管理平台企业级定位图

在建设路径的规划上，以"一级部署是常态"和"全链业务一体化管控"为建设思路，兼顾业务需求急迫性、实现难易度、功能建设先后性，对长期和短期建设目标进行规划，以优化现有业务、应用、数据架构资产引领，并以问题为导向，归集形成专题业务场景，系统性地提出数字化建设需求，既保障了需求提报的全面性，也避免了功能重复建设、无序建设。同时，分三个阶段规划平台演进路线，使平台建设周期更加精确，开发资源投入准备更加充分。

（三）平台建设专题推进

1. 物资类

针对物资类合同管理中存在的线上流程断点、专业协同不足、数据贯通障碍、风险防控缺陷等问题，确立了"断点成线、线线联网、标准内嵌、自驱提升"四项提升方向，即：首先，补充线上场景，打通业务断点；其次，突破专业壁垒，加强系统集成贯通；再次，通过业务关键标准内嵌加强关键场景管控；最后，通过数字化管理工具赋能业务人员，实现事前事中管理。

物资类合同平台建设需求与目标见图 10–6。

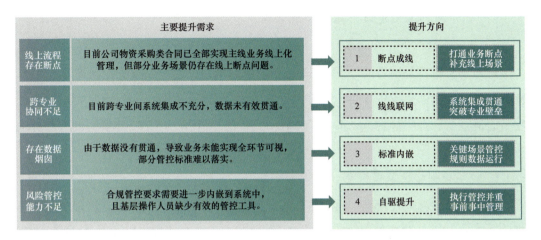

图 10–6　物资类合同平台建设需求与目标图

2. 服务类

针对服务类采购合同管理组织分散、管理层级多、管理要求差异大、业务流程多样等问题，确立了服务类合同管理提升方向为：按照不同专业对数字化支撑的需求，制定各专业的标准数据规范，提供灵活多样的配置能力，完善核心环节的功能服务，实现数据"接得住、给得出"，全面支撑核心环节之外的数字化应用需求。

服务类合同平台建设需求与目标见图 10–7。

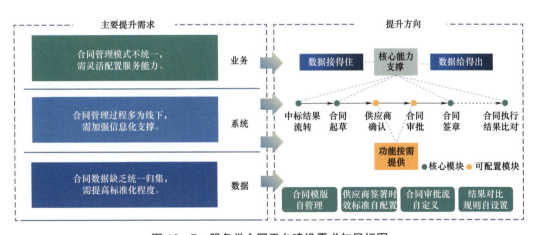

图 10–7　服务类合同平台建设需求与目标图

二、核心场景

基于"业务先行、整体规划、专题建设"的思路，识别了业务标准化建设及 23

个系统功能建设专题。

（一）开展标准化建设，强化合规管理

1. 统一五级业务标准流程

针对物资批次标准合同、协议库存合同、电商框架合同形成覆盖合同签订、变更、履约、结算等 264 个业务场景，覆盖流程、岗位、规则、制度、指标全量标准要素的物资合同业务作业指导规范，形成了"域—流程组—流程—活动—步骤"的五级标准流程。

2. 统一数据字段单据标准

以"管业务就是管数据"为思路，基于"五统一"数据标准原则，梳理全网物资供应 693 个相关业务数据字段，形成统一的物资合同业务数据标准表和 27 类标准化单据，为实现企业级共享共用奠定基础。

3. 统一合规监控标准

根据相关法规和国家电网公司制度，识别管理全过程的关键管控点，按照合规类与效率类对管控点进行分类，针对不同分类，选择流程固化、事前校验、预警报警、指标管控、数据分析等不同管理方式通过数字化平台进行管理，强化过程管控，实现"操作即合规"。

（二）实行线下转线上，打通业务断点

当前物资采购类合同已实现主线业务线上化管理，但对于部分支线业务，由于场景复杂、前置条件多样等因素，目前仍在线下处理，致使线上流程存在断点。针对如上问题，在平台建设中，基于标准化工作厘清的业务规则和业务逻辑，通过业务与技术联合研究，进一步确认系统功能建设方案，打通业务断点，提升业务处理效率，加强业务全过程追溯。

1. 零星物资类框架协议签订线上化

为提升零星物资类合同签订效率，针对电网零星、办公用品及非电网零星物资合同线下签订的现状，在 ECP 部署框架协议签订功能，将一对多的中标结果拆分为一对一的签约需求，实现零星物资类合同文本在线签订，解决中标结果和签约维度不统一及非电网零星物资中标结果经销商一对多合同签订线下流转的问题，通过线上化信息留痕，加强零星物资类合同业务的回溯能力。

2. 合同违约/解除线上化

为提升合同违约处理的流转效率，加强信息留痕，强化合规管控能力，通过在

ECP 中新增合同违约/解除线上化功能，实现物资管理人员可在线发起处理确认单，并联动 ERP 财务模块、数字化法治企业建设平台，实现业务数据、合同状态的跨系统同步，完成合同违约解除业务闭环管理，解决了合同违约业务线下办理，缺乏线上集约化管理的问题。

3. 结清款结算凭证登记审核线上化

为打通总部与省侧信息链路，提升结清款保函/保险处理效率，加强合规管控能力，通过在 ECP 中新增结清款保函/保险办理功能，匹配工程建设信息自动开展续保及退保提醒，实现保函/保险购买、登记、审核、退保一体化线上管理，解决网省公司结清款保函线下登记和审核的问题。

4. 实物 ID 履约环节线上化贯通

为实现实物 ID 在履约环节的一码贯通，实现履约信息的全维度实时收集、全过程可信追踪、全方位管理共享，在供应计划生成、维护及查询界面增加实物 ID 字段，将实物 ID 数据由供应计划模块同步至发货通知创建、维护、确认环节，发货通知确认后，实物 ID 信息同相关业务数据一并流转至 ERP 和 ELP；在货物交接单生成、维护及查询界面增加实物 ID 字段，并在一级部署"e 物资"移动终端中增加实物 ID 扫码收货功能，通过扫码触发货物交接单收货签字，解决履约过程发货通知、货物交接、物资收货等环节信息未关联到单体设备、未实现贯通应用的问题。

（三）推进一级部署，加强关键管控

为满足各省公司业务管理的个性化需求，国网物资管理系统采取总部—省公司两级建设、两级部署方式。这样做在提供了较大灵活性的同时，也提高了业务统一化管控的难度。针对如上问题，通过对功能场景一级部署，开展合同变更、结算单据电子化、物资款项申报、发票智能校验业务的一级系统功能建设，在实现管理标准统一化、业务全环节透明可视的同时，通过总部系统和省公司系统的一、二级协同，解决了部分业务流程难以完全线上闭环的难点问题。

1. 合同变更一级部署

为提升合同变更流转效率，加强合规管控能力，合同变更采用一级部署。优化 ECP 技术变更单、商务变更单起草和审批等合同变更功能，同步触发 ERP 订单调整；新增询价流程，针对无价格变更物资发起询价单，联动招标环节获取询价结果，实现签约依据的在线追溯，解决合同变更审批流双轨（线下＋线上）运行的问题，实现双轨（总部、网省）变线上单轨。

2. 结算单据电子化一级部署

为提升合同履约过程单据完整性及业务稳定性，并为付款申请的统一管理奠定基础，结算单据电子化采用一级部署。通过在 ECP 建设结算单据签署模块，实现各业务相关人员对货物交接单、投运验收单、货物质保单在 ECP 的电子化签署，并在线流转至结算环节作为付款依据，解决结算电子单据签署功能省公司二级部署，无法获取结算单据文件及实现与后续付款统一串接的问题。

3. 物资款项申报一级部署

为提升总部对"两金一款"的管控能力，物资款项申报采用一级部署。针对总部直管工程实现月度预算物资线上审批和预算自动同步至财务管控系统，解决总部和省公司在款项申报阶段信息不互通的问题。针对省公司实现付款申请一级部署和支付信息的回传，实现款项结算闭环管控，解决款项申请与质保金办理/替代、发票登记功能未联动的问题，提升总部资金统筹管理能力。

4. 发票智能校验一级部署

为提升发票智能验审能力和结算效率，并支持数电发票应用需求，发票智能校验采用一级部署。对接财务发票池，对供应商登记的发票进行发票验真和智能比对，满足纸质发票、数电票、传统电子发票应用需求，解决发票人工校验审核难、效率低、风险高，且存在重复工作和数据不一致的问题。

（四）突破专业壁垒，系统集成贯通

由于大型企业的信息化建设往往由各业务部门为主导进行，各专业和专业之间或存在系统架构、数据结构、业务流程之间的差异，因此存在跨专业联通壁垒。合同业务是四流汇聚环节，涉及与经法、财务、基建的跨专业贯通，因此存在多个跨专业堵点问题。针对如上问题，通过组成跨专业业务与技术联合团队进行逐个研究，形成业务与技术联通方案，对跨专业堵点进行各个击破。

1. 合同结构化会签流转

为实现合同源端数据一次采集、全流程复用的目标，提升总部物资合同会签工作质量和流转效率，围绕合同文本的编制与审查，实现源端文本结构化、发标版合同生成、条款修订差异表自动生成，保证合同文本生成、审查、修改、生效全流程自动对比、全程可溯，解决因合同文本修订未结构化，无法线上实时比对合同条款修订差异、合同经法会签流转人工审核的问题。

2. 非结合同文本传输优化

为提升非结构化文件在总部和省侧两级传输成功率,从源头解决 ECP 与经法传输问题,开展合同文本传输路径和时点优化研究,通过将文件分时段,以非结和结构化通道分别传输的方式,减少短时间内合同文件传输并发量大的问题。解决合同签订阶段,在并发量大的情况下,通过非结构化平台传输文件发生丢失的问题,提升合同签订业务稳定性。

3. 应收账款确权流转

为提升应收账款确权办理效率,为供应商提供融资便利,支持供应商在 ECP 发起应收账款确权申请并审批后,ECP 自动从 ERP 获取合同应付账款余额,生成数字确权凭证,支撑供应链金融业务开展,解决应收账款确权线下办理费时费力的问题。

4. 履约保证金保险一体化管理

为提升合同履约保证金保险处理效能,提高合规管控能力,扩大保险应用规模,助力中小企业高质量发展,在 ECP 中新增履约保证金保函/保险办理功能,匹配工程建设信息自动开展续保及退保提醒,实现保函/保险购买、登记、审核、退保一体化线上管理。解决通过"电e金服"办理的保险未将购买信息传回 ECP,不满足业务核对的需求的问题,实现履约保证金保险全流程线上闭环办理。

(五)数智工具赋能,加强过程管控

为提升基层人员和供应商操作便捷性和应用获得感,基于公共服务平台提供的产品框架和组件能力,建设全域合同基层工作台,并建设年度资金计划预测、合同业务概预算事前校验预警、供应计划策略在线协同分析、生产运输跟踪分析、合同业务过程时效分析及合同全过程单据信息一键归集等分析管控功能。加强对业务事前校验预警、合同执行过程关键节点事中跟踪、合同全过程单据内容和单据调整信息的归集展示等,加强合同业务人员对于合同管理过程的把控能力。

1. 合同工作台规划设计

为提升平台便捷服务支撑和过程管控能力,创新规划设计合同基层工作台,将合同过程管理深植合同业务本身,为基层人员和供应商提供事务待办、业务预警、过程分析、异常监控、指标分析等能力,并支持通过工作台直接穿透至全环节业务操作界面直接办理业务,实现各类用户不离开合同工作台界面即可办业务、看数据、管过程、看结果,支持赋能基层,强化合同管理"执行+管控"能力。

2. 年度资金计划预测模型优化

为提升资金统筹利用效率，依托合同签约变更信息及各类物资到货计划安排，建立年度资金计划测算模型。将全口径电网物资合同付款比例（源于标准合同文本）与主网工程进度（平均工期）进行匹配，综合考虑地域因素、电压等级、站用物资、线路物资等因子对付款的影响，通过大数据训练，调试各因子对工程资金影响权重，最终达到最优的工程资金预测量。通过灵活配置计算逻辑及测算时间尺度，整体把控物资款项资金支出计划安排，优化汇总算法，提升年度资金需求预测的精准度。

3. 合同业务概预算事前校验预警

为提升合同业务异常处理应对能力，保障合同业务流程顺畅执行。在合同签订、物资到货验收、合同结算等业务流程的前端节点提前进行超概预算校验和预警，预留更多时间进行概算和预算调整，保证流程顺畅执行，防范因超概预算引发的合同签订超期、物资无法入库、合同结算不及时等风险。

4. 供应计划策略在线协同分析

为提升项目物资供应保障的效率，加强总部对项目进展和供应进展的统一管理，提升合同履约保障能力。通过对接发策、基建等物资外专业系统，实现工程项目信息、里程碑计划、施工计划等工程信息与合同信息线上互通，建设项目视角合同执行情况跟踪分析场景，解决基建项目与物资供应的跨系统数据未互通的问题。

5. 生产运输跟踪分析

为提升对合同执行全过程的管控能力，强化 EIP、ELP 与 ECP 间协同，开展生产运输跟踪分析。通过强化 ECP 与 EIP、ELP 的信息联动，业务上建立供应计划、排产计划、运输计划的关系，实现供应计划对生产任务及运输任务的映射关系，实现在 ECP 按供应计划维度可查看生产管控信息及运输监控信息，解决缺少对生产进度、发运情况、到货信息等合同执行过程节点信息统一归集展示的问题。

6. 合同业务过程时效分析

为提升合同业务执行率，通过设计合同业务过程，进行端到端过程时效分析，直观显示过程管理质效，提供业务进度导览，聚焦流程临期，提供临期明细，解决合同关键节点的执行效率缺乏精细化分析、风险异常预警能力不足的问题。

7. 合同全过程单据信息一键归集

为提高业务人员合同信息检索的效率，同时为电子归档实施奠定基础，通过对物资类合同管理中的全量业务单据进行关联，实现以合同为视角的全过程单据内容和单据调整信息的归集展示，解决了缺少对合同执行全流程的过程单据的统览和全量查询功能的问题。

（六）支撑服务管理，覆盖合同全域

为支撑专业部门提升合同办理业务效率，针对服务类采购合同，借鉴物资类采购合同数智化建设经验，对服务类合同提供关键业务的线上化支撑，实现服务类合同业务数据的标准化沉淀，支撑专业部门对服务类合同的规范管理，解决服务类合同签约、结算全过程缺乏统一管理、缺少业务数据跟踪分析和风险预警的问题。

1. 服务采购合同线上化签订

为支撑专业部门提升合同办理业务效率，针对服务类采购合同，实现 500kV 基建工程的服务类采购中标结果从采购流转至合同，部署线上起草、确认、审批等功能，支持服务类合同线上化签订，解决服务类采购合同签约未线上管理的问题。

2. 服务采购合同线上化贯通

为提升跨专业支撑服务能力，实现 ECP－ERP－数字化法治企业建设平台的整体线上化，将 ECP 服务类合同协议书进行结构化，使合同可以在线自动起草，并与 ERP 及数字化法治企业建设平台集成，建设服务类采购合同在线签章功能，为服务类合同提供起草—确认—审批—会签—签章线上化功能支撑，解决服务类采购合同签约未跨系统贯通的问题。

3. 服务采购合同执行结果线上比对

为实现服务类合同的结算结果对比，降低合规风险，通过 ECP 与 ERP 财务模块集成，实现合同金额与结算金额比对和偏差异常分析，支撑服务采购合同规范管理，解决 ECP 和 ERP 的结算数据未贯通的问题。

4. 服务采购合同信息监控

为提升服务合同签约时效性，金额数据一致性，提高对服务合同的合规管控能力。通过建立服务类合同签约时效提醒、结算金额与签约金额偏差比对分析等场景，以支撑专业部门对服务类合同的规范管理，解决服务类合同签约、结算全过程缺乏统一管理、缺少业务数据跟踪分析和风险预警的问题。

第三节 平台的价值与作用

通过全域采购合同管理平台建设，立足服务支撑，在合规管控、服务基层、一体协同、模式创新、自驱提升五个方面实现变革，助力供应链全域提效率、增效益、促效能，全力支撑绿色现代数智供应链建设。

一、加强合规管控

打造"标准内嵌"管理平台，实现"即用即合规"的供应链风险防控再升级。

平台以业务标准化为基础，将规范统一的业务流程、校验规则、岗位角色、办理时限、数据表单等作业标准转化为内嵌业务应用的系统规则，融合风控、内控等财务及法律合规要求，从业务源前置各专业管控要点，实现业务发起、业务操作、过程审批、稽核结果全链路合规作业，筑牢供应链风险防控底线。合规管控内嵌示意图如图10-8所示。

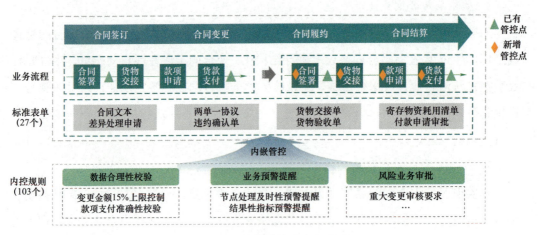

图10-8 合规管控内嵌示意图

二、服务"三效"提升

平台打通供应链断点、堵点和难点，服务基层一线，实现全链条业务"三效"再提升。

通过数据智能建模和新技术应用，智能化开展采购合同管理业务，实现业务办理由人工处理转向系统自动处理，实现业务一网通办（见图10-9），减少一线业务人员手工填报和跨系统重复录入等冗余操作，摒除主观判断导致延迟操作等人为因素，推进业务按规则自动触发、自动处理，提高业务整体运营质效。

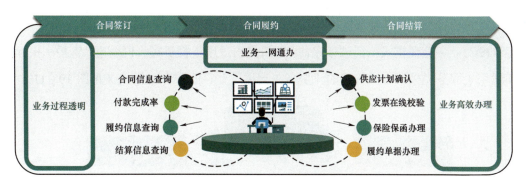

图 10-9　业务一网通办示意图

三、优化业务协同

平台将协同对接 e 基建、财务共享中心等专业系统，通过系统互联、线上信息共享，推动全供应链业务流、资金流、信息流、价值流高度融合，深化"项目—物资—财务"一体化协同。

以合同管理为纽带，打造项目视角下合同集群管理（见图 10-10），推动"项目—物资—财务"进度匹配和数据互信，解决物资业务受项目成本预算约束等问题，推动实现供需智能匹配、计划动态调整、物资精准到场、支付资金需求和融资安排无缝对接、投运快速转资，防控管理风险，保障工程建设，助力项目建设事前事中管控，提高资金预测的准确性，提高资金利用效率，服务财务成本支出精益管理。

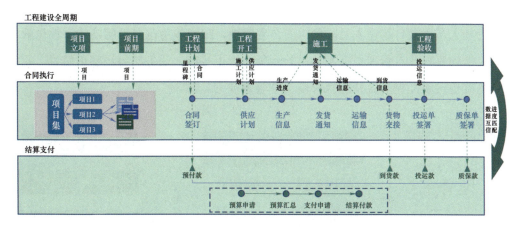

图 10-10　项目视角下合同集群管理示意图

四、强化支撑能力

创新"执行＋管控"和"服务＋支撑"平台双模式，实现专业支撑能力再提级。

对于物资类与服务类采购合同，从管理标准化程度、管理集约度、覆盖责任主体等维度对业务管理模式特征进行评估，创新提出适用于物资类合同管理"管控＋执行"和适用于服务类采购合同管理的"服务＋支撑"并存的平台双模式（见图10-11）。

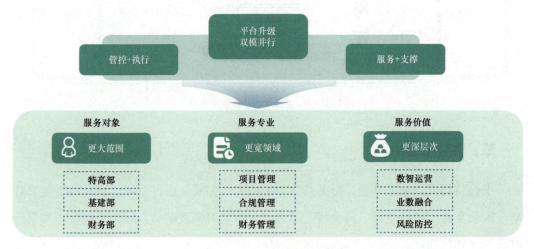

图 10-11　平台双模式示意图

五、促进自驱提升

平台将进一步助力发挥合同协调室的服务支撑价值，实现"对上支撑，对下引导"的双循环服务体系。

创新搭建基层工作台（见图 10-12），将合同过程管理深植合同业务本身，允许物资管理人员、项目管理人员、供应商自主管理，赋能多角色自主驱动的个性化管理能力，推动流程节点管理更自主、风险预警分析更智能、业务趋势洞察更敏锐、业务状态进度更透明，提升各角色执行能力和管理能力。

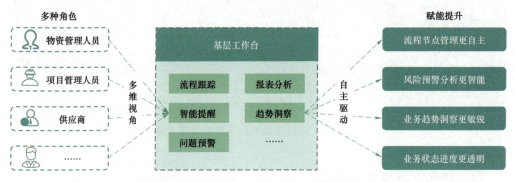

图 10-12　基层工作台管理成效示意图

第十一章

未来展望

当今时代是互联网的时代，当今市场的竞争正成为供应链与供应链的竞争。供应链叠加互联网，未来发展空间无限。

关于供应链的未来发展，《国民经济和社会发展第十四个五年规划和 2035 年远景目标纲要》指出，提升产业链供应链现代化水平，坚持经济性和安全性相结合，补齐短板、锻造长板，分行业做好供应链战略设计和精准施策，形成具有更强创新力、更高附加值、更安全可靠的产业链供应链；推进产业数字化转型，实施"上云用数赋智"行动，推动数据赋能全产业链协同转型。党的二十届三中全会作出全力推动供应链领域改革创新和高质量发展的战略部署，党中央、国务院围绕推动产业链供应链现代化、增强产业链供应链自主可控能力、着力提升产业链供应链韧性和安全水平、推动产业链供应链优化升级等任务做出一系列重要指示和批示，并提出了加快发展"新质生产力"的新要求，强调以科技创新推动产业创新，以产业升级构筑竞争新优势。与此同时，随着人工智能、大模型、区块链、元宇宙等创新技术的日益发展，信息化日益成为驱动和引领经济社会高质量发展的关键引擎，网络信息技术加速推动社会生产力发生新的质的飞跃。这一系列政策要求和发展趋势，都为供应链的未来发展指明了具体方向。

为了更好保障电力供应、促进能源转型、支撑和服务中国式现代化，国家电网公司坚持问题导向和系统观念，完整、准确、全面贯彻新发展理念，加快电网高质量发展，推动构建新型电力系统。近年来，公司迎来新一轮电网建设高峰，对电网建设类合同签订、履约、结算等全链条管理质效提出了新的更高的要求。面对新要求、新挑战，需要运用新措施、新方法，以供应链的视角强化合同管控，促进核心业务环节协同联动，推进业财深度融合，实现一体化协同运作，推动合同管理体系向更高质量、更有效率的方向迈进。

作为供应链发展的重要组成部分，下一步，国家电网公司的供应链合同管理将充分发挥网络信息技术迭代升级和融合应用的新优势，持续加强管理创新与技术创新的深度融合，依托全域采购合同管理平台的深化建设，推进向"场景更智能、管理更精益、协同更高效"的方向发展，为加快新型电力系统建设提供有力保障，助推产业链供应链高质量发展。

一、场景更智能

深入挖掘合同管理全链条下沉数据源，依托大数据分析及数字化建模等智能应用，打造数字孪生业务应用场景。

数据分析上，深挖数据价值，提升物资全链条管理水平。例如，根据实际合同执行数据分析，按区域、环境等角度为标准物料精简、物料优化提供数据支持；充分发挥市场的窗口作用，通过分析全网物资合同履约供应数据、供应商用电量和产能，实时预警物资供应风险，为保障供应提供数据基础。

数据建模上，联动模型设计，支撑提高业财一体运营能力，基于数据结构算法，优化合同款项资金计划预测数字化模型，助力财务部门编制资金计划，推动业财联动共享高效，为经营发展提供有力支撑。

用户体验上，强化数据赋能，持续增强用户体验感和获得感，通过智能功能升级和交互界面优化，使业务操作更加便捷，形成合同文本智能起草、履约手续一键办理、付款申请一键流转、分析报告一键生成等智能服务。

二、管理更精益

创新供应链服务，推动合同履约流程清晰可溯，强化风险管控能力，提升业务运行效率，带动上下游企业合规经营、健康发展。

合同业务上，系统梳理链上企业各类合同间的业务关联关系、制约关系、联动关系，构建全供应链视角下的合同条款勾稽逻辑，推动全供应链合同一体化管理和闭环管控，保障合同全链执行清晰可溯。

风险防控上，深化标准内嵌，强化风险点在线智能监控、预警自动提醒、级别自动研判，推动合同合规、履约风险评价更加精细，进一步提高风控、内控、合规能力，提升业务安全，增强供应链韧性。

数据贯通上，扩展数据维度，提升业务数据互信能力，推进合同全域电子文件与财务凭证系统、档案归档系统实时联通，按照订单、项目等数据维度自动存证、自动归档，业务人员一键查找，减少资源消耗、提升管理效果。

三、协同更高效

合同管理中各参与主体间协作更加融合，实现各类业务办理更加高效、内外部主体共赢发展。

内部协同上，以标准联通整个价值链，进一步加强各专业部门协同互通，将"一码贯通，双流驱动"的标准体系向项目、财务等领域延展，建立产业链层级的业务与数据融通。

外部协同上，提供更深层次便捷服务，进一步优化与供应商的协同交互，通过应用智能客服和大模型等功能，改善供应商应用体验，推进外部供应商合同业务办理更加高效便捷。

政企协同上，拓展协作共享，进一步深化生态圈数智协同，延伸链接链上企业、机构和政府等平台，构建供需交易、技术交流、协同合作等公共服务生态，逐步拓展管理优化、寻源比价、绿色评价、数字转型等服务能力建设，打造一网通办多样化全景服务，推动全域合同各环节在线协作、资源共享、专业整合。

平台远期展望场景如图 11-1 所示。

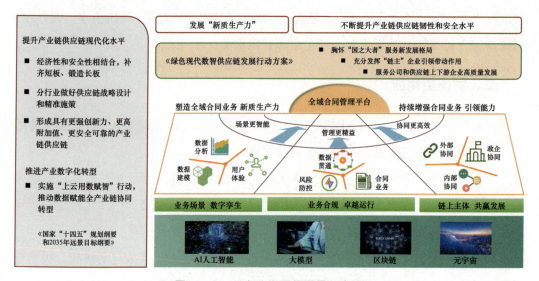

图 11-1　平台远期展望场景示意图

面向未来，国家电网公司的供应链合同管理将紧紧围绕"构建新发展格局、着力推动高质量发展、构筑国际国内双循环"等宏观指引，紧抓合同业务主线，进一步加强对合同全流程业务数据关联关系的深层次挖潜，加强与工程建设、生产运维、财务运营等专业间智能化协同联动，加强与供应链上下游企业间的智慧链接。同时，以行业级现代数智供应链建设为平台，持续探索新技术应用，持续增强引领能力，推进产业链供应链协同发展，全力打造供应链合同管理领域的新质生产力，服务企业高质量发展，为推进产业基础高级化、产业链现代化持续贡献力量。

参 考 文 献

[1] 马克·穆恩. 供应链需求管理：精准预测需求与高效匹配供需［M］. 高雪洁，译. 北京：人民邮电出版社，2020.

[2] 美国供应链管理专业协会，斯科特·凯勒，布莱恩·凯勒. 供应链仓储管理：选址、布局、配送、库存管理与安全防护［M］. 黄薇，译. 北京：人民邮电出版社，2020.

[3] 美国供应链管理专业协会，温迪·泰特. 供应链采购管理：供应商管理、成本控制与绩效评估［M］. 黄薇，译. 北京：人民邮电出版社，2020.

[4] 美国供应链管理专业协会，马修·沃勒，特里·埃斯珀. 供应链库存管理：库存控制、流转与绩效评估［M］. 罗小七，译. 北京：人民邮电出版社，2020.

[5] 美国供应链管理专业协会，娜达·桑德斯. 供应链运营管理：流程协同，打造高绩效、强竞争供应链体系［M］. 荣岩，译. 北京：人民邮电出版社，2020.

[6] 美国供应链管理专业协会，保罗·迈尔森. 供应链精益管理：技术赋能，打造低成本、高效率供应链体系［M］. 徐珏，译. 北京：人民邮电出版社，2020.

[7] 美国供应链管理专业协会，托马斯·戈尔兹比，迪帕克·延加，等. 供应链物流管理：运输网络规划、方式选择与成本控制［M］. 曾月清，译. 北京：人民邮电出版社，2020.

[8] 美国供应链管理专业协会，罗伯特·弗兰克尔. 供应链管理典型案例：需求管理、采购管理、精益生产、网络设计与风险防范［M］. 罗小七，译. 北京：人民邮电出版社，2020.

[9] 美国供应链管理专业协会，布赖恩·吉布森，乔·汉纳，等. 供应链管理综合实战：战略实施、信息协同、流程优化与绩效评估［M］. 吴梦茹，译. 北京：人民邮电出版社，2021.

[10] 英国皇家采购与供应学会. 采购与供应中的合同与关系管理［M］. 北京中交协物流人力资源培训中心，译. 北京：机械工业出版社，2014.

[11] 陈丽洁，叶小忠. 企业合同管理操作实务［M］. 北京：法律出版社，2010.

[12] 付希业. 企业合同管理33讲［M］. 北京：中国法制出版社，2020.

[13] 闫周秦. 合同全过程管理［M］. 北京：中国法制出版社，2020.

[14] 徐水太. 项目采购与合同管理［M］. 北京：机械工业出版社，2022.

[15] 杨喆，彭永芳，朱艳新. 供应商管理［M］. 北京：中国财富出版社有限公司，2022.

[16] 余斌. 合同全流程实务指南［M］. 北京：中国法制出版社，2020.

[17] 肯尼斯·莱桑斯，布莱恩·法林顿. 采购与供应链管理［M］. 胡海清，译. 9 版. 北京：机械工业出版社，2022.

[18] 刘伟华，刘希龙. 服务供应链管理［M］. 2 版. 北京：中国财富出版社，2019.

[19] 生态环境部宣传教育中心. 绿色发展新理念：绿色供应链［M］. 北京：人民日报出版社，2020.

[20] 国家电网有限公司. 国家电网公司物力集约化管理实践与创新［M］. 北京：中国电力出版社，2015.

[21] 国家电网有限公司. 现代智慧供应链创新与实践［M］. 北京：中国电力出版社，2020.

[22] 丁俊发. 供应链企业实践［M］. 北京：中国铁道出版社，2017.

[23] 胡奇英，胡大剑. 现代供应链的定义与结构［J］. 供应链管理，2020（1）：35－45.

[24] 马士华，林勇. 供应链管理［M］. 6 版. 北京：机械工业出版社，2020.

[25] 孙浩，张瑞. 合同管理视角下物资采购服务供应链业务流程优化研究［J］. 商业经济研究，2022，857（22）：31－35.

[26] 朱承君. 企业合同管理模式与体系建设若干问题探讨［J］. 宁波经济（三江论坛），2014（2）：39－42.

[27] 郝青松. 电子合同有效性的法律问题研究［D］. 郑州大学，2021.

[28] 李明佳. 我国电子合同法律制度研究［D］. 山东师范大学，2020.

[29] 初铮. 电力企业中的合同管理探析［J］. 中小企业管理与科技，2023，697（04）：76－78.

[30] 马金涛. 推行合同示范文本的法理分析和路径选择［J］. 中国工商管理研究，2010（6）：24－26.

[31] 丁劭泊. 合同示范文本管理制度探析［J］. 企业改革与管理，2016（11）：47－48.

[32] 焦斯亓. 合同示范文本功能定位研究［D］. 重庆：西南政法大学，2019.

[33] 何远琼. 示范合同的制度考察［J］. 北大法律评论，2008，9（2）：378－398.

[34] 卓洪树. 电网企业"互联网＋"资产全寿命周期管理［M］. 西安：西安交通大学出版社，2018.

[35] 薛理顺. 试论国有企业基于合同管理的合规管理运行机制［J］. 商讯，2022，289（27）：92－95.

[36] 宋翠薇，罗朝晖. 装备采购合同履行绩效评估研究［J］. 舰船电子工程，2014（12）：115－121.

[37] 严婷婷. 基于数据分析的合同管理质量提升方法［J］. 航天工业管理，2018，414（07）：45－46.

[38] 肖秋惠. 档案管理概论［M］. 武汉：武汉大学出版社，2009.

[39] 吴梦甜，任黎曼. 科技档案管理质量的提升措施分析［J］. 办公室业务，2017（19）：98.

［40］胡展鹏. 基于绿色供应链视角下营商环境优化问题的研究——以安徽自贸区芜湖片区为例［J］.
山西农经，2022（09）：39－41.

［41］宋华. 供应链金融［M］. 2版. 北京：中国人民大学出版社，2016.

［42］郑殿峰，齐宏. 产业供应链金融：供应链金融的最终解决方案［M］. 北京：中国商业出版社，
2019.

［43］孙雪峰. 供应链金融：信用赋能未来［M］. 北京：机械工业出版社，2020.